Ralf Schmitt und Torsten Voller

Ich bin total spontan – wenn man mir rechtzeitig Bescheid gibt

Von der Kunst,
aus dem Bauch heraus zu handeln

ARISTON

FSC
Mix
Produktgruppe aus vorbildlich
bewirtschafteten Wäldern und
anderen kontrollierten Herkünften
Zert.-Nr. SGS-COC-001940
www.fsc.org
© 1996 Forest Stewardship Council

Verlagsgruppe Random House FSC-DEU-0100
Das für dieses Buch verwendete FSC-zertifizierte Papier
Munken Premium Cream liefert Arctic Paper Munkedals AB, Schweden.

Bibliografische Information der Deutschen Bibliothek

Die Deutsche Bibliothek verzeichnet diese Publikation
in der Deutschen Nationalbibliografie; detaillierte bibliografische Daten
sind im Internet unter http://dnb.ddb.de abrufbar.

© 2010 Ariston Verlag in der Verlagsgruppe Random House GmbH
Alle Rechte vorbehalten

Umschlaggestaltung und Innenillustrationen:
Büro Überland, Schober & Höntzsch

Satz: EDV-Fotosatz Huber/Verlagsservice G. Pfeifer, Germering
Druck und Bindung: GGP Media GmbH, Pößneck
Printed in Germany 2010
ISBN 978-3-424-20041-6

INHALT

Es ist Ihre Show! 7
Spontaneität schreibt man genau so! 7
Tür auf und zugegriffen 11
Spontan wie ein Fahrplan 12
15 Minuten später fällt Ihnen die Antwort ein 17

Warum immer ich? 21
Sie! Ja genau, Sie meinen wir! Sie brauchen es
garantiert nicht! 21
Der Turbolader fürs Leben 28
Was ist was? Spontaneität, Improvisation,
Schlagfertigkeit 34
Sie sind der spontanste Mensch der Welt! 46
Kopf oder Zahl? Ich nehme Bauch! 60
Sechs Warnhinweise: Was passiert, wenn Sie
spontaner werden 68
Sechs Ausreden: Warum Sie auf keinen Fall
spontan sein wollen 74
Navituition 87
Die Hoffnung stirbt zuletzt 90
»Ich will nicht auf die Bühne! Soll ich trotzdem
weiterlesen?« 92

»Dann mach doch mal!«
Spontan ist, wenn man es selbst ausprobiert 93
   Und täglich grüßt das Murmeltier 93
   »Entschuldigen Sie, könnten Sie mich bitte duzen!« .. 98
   Sicherheitshinweise 102
   Vom Sofa in die Achterbahn 103
   Lebst du schon oder planst du noch? 111
   Gemeinsam sind wir spontaner. 115

Drei einfache Regeln. 119
   Regel Nr. 1: Sag »Ja«. Nicht immer, aber immer öfter. 119
   Regel Nr. 2: Mach Fehler und genieße es 161
   Regel Nr. 3: Hör auf zu planen und sei offen für jeden Moment 204

Feierabend 243
   Null Bock auf gar nichts – und schon gar nicht spontan! 243
   Den Mut haben, spontan durchs Leben zu gehen 244
   Outtakes von Markus und Annika 247
   Tür auf und raus! 10 Ideen für Mutige 250

Die Autoren. 252
Danke. 254
Bildnachweis. 256

Es ist Ihre Show!
Spontaneität schreibt man genau so!

Zunächst einmal: Spontaneität schreibt man genau so! Und für alle Eiligen ein kurzer Hinweis: Wer keine Zeit haben sollte, kann auch nur die nachfolgenden Seiten lesen:

Seite 161
Seite 204
Seite 241

Damit kennen Sie die wichtigen Schlagsätze zum Thema Spontaneität, um bei der nächsten Party mitreden zu können.

Alle Leser, die das Prinzip dahinter verstehen und leben wollen, nehmen sich jetzt ein wenig Zeit und beginnen Schritt für Schritt, ihr Leben spontaner zu gestalten.

So, nun können wir zum Wesentlichen kommen. Sie sind draußen einkaufen, mitten in Berlin, und trinken gerade einen »Coffee to go«. Auf einmal hören Sie schwere Schritte, die auf Sie zukommen und immer lauter werden. Sie spüren die Schritte als Vibration in ihrer Magengrube. Der Becher zittert in Ihrer Hand, der Kaffee droht überzuschwappen. Plötzlich sehen Sie King Kong. In der einen Hand hält er eine weiße Frau, die um Hilfe schreit. Er will zuerst Sie und dann die Welt vernichten. Damit haben Sie nun wirklich nicht gerechnet.

Oder – fast dasselbe:

Sie sitzen an Ihrem Arbeitsplatz und trinken gerade einen Kaffee. Auf einmal hören Sie schwere Schritte, die auf Sie zukommen und immer lauter werden. Sie spüren die Schritte als Vibration in Ihrer Magengrube. Der Becher zittert in Ihrer Hand, und der Inhalt droht überzuschwappen. Plötzlich sehen Sie Ihren Chef, der unerwartet um die Ecke kommt, in der einen Hand einen weißen Aktenordner. Er bittet Sie, eine neue Aufgabe zu übernehmen. Damit haben Sie nun wirklich nicht gerechnet. Sie sitzen da wie ein erschrockenes Kaninchen, das mitten auf der Landstraße in die Scheinwerfer eines Porsche starrt. Kaninchen-Feeling! Und genau dieses Gefühl kennen Sie aus so vielen Situationen. Sie blamieren sich auf einer Party mit einem schlechten Witz. Bei einer wichtigen Präsentation vor einem Kunden fällt Ihr Computer aus. Oder Sie kommen vom Friseur und Ihr Partner lacht Sie aus. Kaninchen-Feeling ist nichts für Sie? Sie wollen, dass sich was ändert? Gut, wir hätten da einen Vorschlag: Spontaneität.

Sie werden ab sofort Verantwortung übernehmen für das, was in Ihrem Leben passiert, und sich auf neue Herausforderungen einlassen, anstatt wie bisher der Unentschlossenheit und der Angst das Terrain zu überlassen. Spontaneität ist cool, Spontaneität zu leben ist, wie dauernd verliebt zu sein. Als Grundhaltung verändert sie Ihr Leben. Statt sich von unerwarteten Situationen fremdbestimmen zu lassen, werden Sie ein Teil des Unerwarteten. Sie übernehmen Verantwortung. Schicksal oder Zufall? Das ist Ihnen vollkommen egal, auf diesen Gedanken verschwenden Sie gar keine Zeit mehr. Sie steuern die Situation und gestalten selbst das Unerwartete. Sie lassen sich nicht mehr orientierungslos hin und her treiben wie ein altes Stück Holz, nein, Sie surfen auf der Welle der Spontaneität.

Ob wir es wollen oder nicht, um in der heutigen Zeit bestehen zu können, brauchen wir Spontaneität. Und wenn das auch noch Spaß macht – was spricht dagegen, es auszuprobieren? Sie haben nichts zu verlieren. Alles, was bislang planbar war, scheint nicht mehr stabil zu sein. Als wir vor vielen Jahren unsere berufliche Laufbahn begannen – der eine mit einer Lehre als Bankkaufmann, der andere als Veranstaltungstechniker –, ging man davon aus, in dem Beruf, den man erlernt hatte, auch pensioniert zu werden. Die Sterbeversicherung wurde mit dem Ausbildungsvertrag gleich mit unterschrieben. Aber wir wollten noch nicht ans Sterben denken. Wir wollten leben, und zwar heute, nicht erst später, wenn die Rente käme. Über viele spontane und unerwartete Wege sind wir das geworden, was wir schon immer sein wollten. Wir leben heute unseren Traum als Schauspieler, Moderatoren und Trainer für Spontaneität. Das »Unbekannte« bestimmt unser Leben, und es fühlt sich verdammt gut an. Spontaneität ist so viel mehr, als einen flotten Spruch auf den Lippen zu haben. Spontaneität ist für uns eine Philosophie, ein Kompass, der uns durchs Leben leitet. Und so etwas braucht man in unserer heutigen Welt. Angesichts der Finanzkrise reiben sich selbst die klügsten Finanzmanager verwundert die Augen. Die globale Erwärmung schreitet fort, und wir wissen nicht, wem wir glauben sollen, wenn es darum geht, welche Konsequenzen sie für unser Leben nach sich ziehen wird. Oder es steht einfach nur – vollkommen unerwartet – die Liebe Ihres Lebens vor Ihnen, und Sie bekommen keinen Ton heraus. All die tollen Ideen und Konzepte, die wir uns heute zurechtlegen, um uns das Leben zu erleichtern, können morgen schon wieder kalte Kaffee sein – außer natürlich das Konzept der Spontaneität. Wem sollen wir überhaupt glauben? Sie können jede Entscheidung tausendmal bedenken und in Gedanken hin und her wälzen. Je länger Sie abwägen, desto schwieriger wird es, die Entscheidung auch zu fällen. Haben Sie sich für die eine Option entschieden, werden Ihnen viele Argumente für die andere einfallen, oder andersherum. Währenddessen steigt Ihre Unsicherheit, und Sie wissen bald gar nicht mehr, was Sie machen sollen, dabei wollen Sie sich doch nur absichern, auf Nummer sicher gehen. Doch nur eins ist sicher: Nichts bleibt, wie es ist. Warum sollten Sie also bleiben, wie Sie sind? Veränderungen stehen vor der Tür und sie klopfen nicht an.

Wenn wir die Zeitung aufschlagen, lesen wir im Reiseteil »Spontan nach Mailand. 99 Euro«, in den Kontaktanzeigen wird ein »flexibler Mann, kreativ, spontan, überraschend« gesucht und in den Stellenangeboten braucht eine große deutsche Versicherung einen Mitarbeiter, der »bereit für das Unerwartete« ist.

Wir beide sind das schon! Wir möchten am liebsten die Versicherung anrufen und fragen, ob auch sie bereit ist für das Unerwartete. Pläne verändern sich, ob Sie wollen oder nicht. Unerwartetes stürmt auf Sie ein, und Sie sollen auch noch begeistert sein. Niederlagen sollen gemeistert werden, und Sie wollen dabei nicht als Opfer zurückbleiben. Haben Sie keine Angst vor dem Unerwarteten! Sie sind schon mittendrin. Na dann mal viel Spaß. Genau! Viel Spaß!

Tür auf und zugegriffen

Öffnen Sie gemeinsam mit uns die Tür, hinter der sich Ihre Spontaneität verbirgt. Nehmen Sie dieses Buch als Ratgeber, als Inspirationsquelle, als eine Lupe, die Ihnen die Chance gibt, einige Ihrer Verhaltensweisen genauer zu betrachten. Oder, falls Ihr Tisch wackelt, benutzen Sie es als Stütze. Dann sind Sie sowieso schon spontan und brauchen es nicht. Wie auch immer Sie dieses Buch einsetzen, Sie werden:

- keine Angst mehr vor oder in unerwarteten Situationen haben;
- Ihr eigener Reiseführer auf der Abenteuerreise Ihres Lebens (Don't panic!);
- überzeugender und authentischer im Umgang mit anderen Menschen sein;
- das Potenzial Ihrer eigenen Kreativität entdecken und erhöhen;
- Ihren eigenen Ideen vertrauen lernen;
- Verantwortung für Ihre Entscheidungen übernehmen;
- ab sofort Fehler machen und das auch noch genießen;
- hoffentlich kein Impro-Schauspieler werden, denn das ist unser Job!!! (Und sollten Sie dennoch der nächste internationale Star werden, dann denken Sie an uns und schicken uns eine Autogrammkarte. Danke!)

Vor allem aber werden Sie ganz viel Spaß haben.

Spontan wie ein Fahrplan

Wir möchten mit Ihnen eine kleine Zeitreise ins Jahr 2001 machen und Ihnen eine Episode aus Torstens Leben erzählen: Alles so wie immer. Langweilig, ist mein erster Gedanke, als der Wecker klingelt. Im Dunkeln taste ich nach ihm, haue drauf und habe weitere fünf Minuten Ruhe. In meinem Kopf formiert sich mein Fahrplan des Tages. Ich sehe vor meinem geistigen Auge, wie ich ins Bad schlurfe, die gleiche Zahnpasta auf die gleiche Zahnbürste drücke und mir die gleichen Zähne putze – nein, Moment, ein Zahn ist seit letzter Woche neu, der war teuer. Dann werde ich Müsli essen. Klar: Montags immer Müsli. Hektisch löffle ich die Pampe in mich rein. Da ich ja fünf Minuten länger liegen geblieben bin, muss ich mich jetzt beeilen. Dabei höre ich das gleiche Radioprogramm mit den gleichen Moderatoren, die die gleichen Witze machen wie immer und die gleichen »Hits der 80er, 90er und das Beste von heute« spielen. Und schon geht's mit dem Auto zur Arbeit. Da ich meine Gleitzeit ausnutze, fange ich im Gegensatz zu meinen Kollegen erst um 9 Uhr an zu arbeiten. Wie immer werden mich die gleichen Kollegen wahlweise mit »Mahlzeit« oder mit »Na, arbeitest du jetzt Teilzeit?« begrüßen. Immer das gleiche Grinsen. Ich arbeite in einer Internetagentur als Projektmanager und bin ganz zufrieden. Das Einkommen ist gut.

Jeden Mittag sitze ich mit den gleichen Kollegen am gleichen Tisch in der Kantine. Wir bestellen »Stammessen 1«, das ist alle zwei Wochen auch immer das gleiche, aber da kann man nie was falsch machen – nicht zu teuer und nicht zu billig. Dann heißt es nur noch, den Nachmittag zu überleben. Um 14 Uhr werde ich mich zu den Rauchern stellen, um den aktuellen Flurfunk aus der Firma mitzubekommen, und dann …

Eine Kombination aus Tür- und Weckerklingeln reißt mich aus dem Schlaf, und mein allmorgendliches Traumbild fällt zusammen. In meinem Kopf sortieren sich die Gedanken neu, und es fällt mir wieder ein: Halt! Heute ist etwas anders, und zwar entscheidend anders. Ich muss nicht ins Büro. Ich habe frei – also fast frei. Mein Freund Ralf und ich haben beschlossen, uns selbstständig zu machen. Der Internetbranche geht langsam die Luft aus. Das Zerplatzen der »Dotcom-Blase« hängt schon in der Luft. Ralf und ich wollen unser Leben selbst in die Hand nehmen. Wir wollen Abenteuer erleben. Wir wollen unser Hobby zum Beruf machen. Theater spielen und davon leben – unsere Leidenschaft Realität werden lassen. Wir wollen Theater für Firmen spielen und deren Themen interaktiv auf die Bühne holen. Verrückte Idee! Was Neues wagen! Und heute ist der Tag, an dem wir eine Bürofläche mieten möchten, die sich auch als Probebühne eignet. Wir wollen den Vermieter mit unserer Idee überzeugen. Ich hatte Ralf versprochen, dass wir mit meinem Auto fahren, und in 30 Minuten müssen wir am anderen Ende der Stadt sein. Jetzt muss es schnell gehen: Ich renne zur Tür und brülle in die Gegensprechanlage »Bin unterwegs!«, will mir meinen Anzug greifen, doch der ist in der Reinigung. Also Jeans, T-Shirt, Jacke. Auf dem Weg zur Tür noch die Zähne geputzt, auch den neuen Zahn. Dann runter zum Auto. Ralf guckt auf die Uhr und sagt: »Ist dir unser Projekt nicht so wichtig?«

»Doch, doch!«, antworte ich, während ich auf den Fahrersitz klettere und den Zündschlüssel drehe. Verdammt, warum springt die Kiste jetzt nicht an? Das gibt es doch gar nicht, denke ich. Aber doch genau das gibt es. Wir sind ja mittendrin in dieser Geschichte, die es eigentlich gar nicht gibt. Ich will gerade anfangen rumzuschreien, da schauen Ralf und ich uns in die Augen – und lachen. Danach passiert alles in Z-E-I-T-L-U-P-E, zumindest fühlt es sich aus heutiger Sicht so an. Ungeplant geht es weiter. Wir haben keine andere Wahl. Eins ergibt das andere. Wir beschließen, mit öffentlichen Verkehrsmitteln zu fahren. Auf dem Weg zum Bahnhof noch mal zum Bäcker rein, ohne Frühstück überlebe ich den Tag nicht. Die Verkäuferin lächelt mich an, Blickkontakt, wir schauen uns tief in die Augen. Wow. Ich bekomme Herzklopfen. Arbeitet die schon immer hier? Und seit wann gibt es hier überhaupt eine Bäckerei? Ich beschließe, dazubleiben und sofort zu heiraten. Ralf packt mich am Kragen und zieht mich aus dem Laden. Gut, hier werde ich ab sofort öfter einkaufen. Wir rennen beschwingt weiter zum Bahnhof. Am Fahrkartenautomaten bin ich erst mal überfordert. Wann habe ich mir zuletzt ein S-Bahn-Ticket geholt? Ich drücke wie wild auf die Tasten des Automaten und wähle ein »Touristenticket«, 24 Stunden gültig für zwei Personen. Während Ralf zum S-Bahn-Steig hochsprintet, um die Tür des eingefahrenen Zuges zu blocken, schiebe ich schon das vierte Mal meinen 20-Mark-Schein in den Automaten, der ihn mir immer wieder zurückgibt. Plötzlich tippt mir jemand auf die Schulter. Es ist mein Nachbar, den ich nur vom Sehen kenne. Er gibt mir das nötige Kleingeld und sagt:»Geben Sie es mir heute Abend wieder.« Ich bin mir nicht mal sicher, ob er rechts oder links unter mir wohnt. Er stand die ganze Zeit hinter mir, ich hatte ihn bloß nicht gesehen.

In der S-Bahn überlegen Ralf und ich, wie wir am schnellsten zu den neuen Büroräumen kommen. Wo müssen wir umsteigen, wo müssen wir aussteigen? Im Auto hätte ich einen Stadtplan gehabt. Jetzt brauche ich meine Intuition. Ich erinnere mich an meinen alten Schulweg, denn meine Schule befand sich in der Gegend, wo wir heute hinmüssen. Endlich habe ich Zeit, ein bisschen aus dem Fenster zu schauen. Ich staune, wie sich die Umgebung auf der Strecke verändert hat. Einige Häuser sind neu, andere abgerissen. Ich staune über die Stadt, in der ich schon so lange lebe. Hier war ich lange nicht mehr. Oder habe ich das letzte Mal einfach nicht genau hingeschaut?

Wir schaffen es pünktlich zum Besichtigungstermin. Wie konnte das denn klappen? Mit der S-Bahn kamen wir tatsächlich schneller voran als mit dem Auto.

Am Telefon war der Vermieter noch skeptisch. Er hatte die Räume schon an diverse Existenzgründer vermietet, die aber alle kein Jahr durchgehalten haben. Und jetzt ein Theater (»Sie wollen mit Theater Geld verdienen?«)? Ja, und wir wollen ihn beeindrucken, uns professionell darstellen, daher haben wir eine Präsentation auf meinem Laptop vorbereitet. Mein Laptop!? Den hatte ich vorhin mit ins Auto genommen – da liegt er auch immer noch. Wir haben keine andere Wahl, als dem Vermieter mit Händen und Füßen unsere Ideen und Visionen vorzustellen. Ralf und ich schwärmen von unseren Plänen und Konzepten. Ein Wort ergibt das andere, nichts, was wir vorher abgesprochen hätten. Wir wissen ja beide, was wir wollen. Schließlich gibt der Vermieter uns den Zuschlag. Während wir uns die Hand darauf geben, sagt er: »Ich hatte am Telefon schon Angst, dass sich schon wieder so ein paar Businesskasper im Anzug mit einer langweiligen PowerPoint-Präsentation vorstellen. Sie sind so erfrischend anders. Sie haben Mut und sind spontan. Ich bin mir sicher, dass Ihre Ideen klappen.«

Draußen vor der Tür schauen Ralf und ich uns an. Wir lachen und feiern unseren Erfolg. Diesen besonderen Tag beenden wir in der Sonne, auf dem offenen Deck eines Busses – in unserem Touristenticket ist nämlich eine kostenlose Stadtrundfahrt enthalten. Und Ralf sagt: »Mann, bist du spontan! Aber bitte sag mir nächstes Mal vorher Bescheid.«

Dieser Tag hat unser Leben verändert. Dieser Tag war so gut geplant. Und dennoch schien es, als wollten lauter Hindernisse unseren Erfolg verhindern. Doch das Gegenteil ist passiert. Jeder »Fehler« hat uns weitergebracht. Wir haben jede neue Situation – ohne groß nachzudenken – angenommen und damit unseren Horizont erweitert. Nichts von dem, was an diesem Tag geschah, hatten wir so geplant, es wäre nicht planbar gewesen. Das Loslassen vom Plan ermöglichte den Anfang dieser Erfolgsgeschichte. Nebenbei haben wir noch eine gute Bäckerei mit einer netten Verkäuferin entdeckt. Torstens Nachbar – Personalchef eines großen Unternehmens – wurde unser erster Kunde. Und wir wussten nach diesem Tag, dass wir auch unter schwierigen Bedingungen in unserer neuen Selbstständigkeit ein gutes Team sind. Den Raum hätten wir im Anzug und mit Computer-Präsentation nicht bekommen.

Aus dem Raum sind Büro und Probebühne der »Steifen Brise« geworden, einem der erfolgreichsten Impro- und Businesstheater Deutschlands. Wir beide halten Vorträge zum Thema Spontaneität und spielen in ganz Europa Spontan-Theater. Unsere früheren Jobs haben wir längst hinter uns gelassen.

Spontaneität hat unser Leben zum Positiven verändert, und wir sind davon überzeugt, dass jeder diese Chance nutzen sollte. Wir wissen, dass jeder Mensch spontan sein kann. Entscheiden Sie sich, mit uns Ihre eigene Spontaneität wiederzuentdecken und zu beleben.

15 Minuten später fällt Ihnen die Antwort ein

Wenn wir auf der Bühne stehen und beispielsweise einen Vortrag zum Thema Spontaneität halten, stellen wir meist eine Frage: »Wer von Ihnen kennt das? 15 Minuten später fällt Ihnen die richtige Antwort ein?« Wir haben noch keine Veranstaltung erlebt, auf der sich nicht mindestens 80% der Zuhörer meldeten. Der Rest traute sich vermutlich nicht oder hatte ein schlechtes Gedächtnis.

Was hätten Sie gemacht? Sich gleich gemeldet? Egal, was die anderen tun? Oder hätten Sie womöglich heimlich aus den Augenwinkeln nach links und rechts geschaut und abgewartet, was die anderen machen und schließlich zögerlich die Hand gehoben mit dem Gedanken: Ich mach das mal wie die Mehrheit. Wenn ja, dann gehören Sie auch zur Mehrheit. Wenn Sie sich gleich gemeldet hätten: Perfekt! Sie übernehmen Verantwortung für Ihr Handeln und sind auf dem richtigen Weg.

Melden alleine reicht aber nicht. So einfach kommen Sie uns nicht davon, wir erinnern uns, Sie sitzen schließlich in einem Vortrag zum Thema Spontaneität. Wir nehmen das Mikrofon und kommen zu Ihnen. Alle Augen sind auf Sie gerichtet während wir Sie fragen: »Wann wären Sie gerne spontaner?«

Wenn Sie schon ein wenig spontan sind, antworten Sie uns mit einem entschiedenen »Jetzt!«. Gehören Sie zu denen, die spontan und ehrlich sind, sagen Sie: »Beim Sex.« Gehören Sie zur Mehrheit, dann erwidern Sie gar nichts, haben »Kaninchen-Feeling« und denken für sich: Sei doch mal spontan, sag doch einfach was und dann auch noch ins Mikrofon vor 400 Zuschauern. Was denken die dann von mir? Wie kann ich da die richtige Antwort geben? Spontan sein auf Befehl, dass geht doch gar nicht. Kann da nicht vorher jemand Bescheid sagen? 15 Minuten würden schon reichen. Aber genau das tut niemand. Sie müssen selber ran. Seien Sie deshalb immer bereit für das Unerwartete. Entweder Sie sind immer spontan oder nie. Spontaneität ist eine Grundeinstellung, so etwas wie eine Lebenshaltung. Spontane Menschen entscheiden sich schnell, vertrauen ihren Entscheidungen und tragen die Verantwortung dafür. Nur *mal* spontan sein, das geht nicht.

Ach ja, noch mal zu den 15 Minuten: Sie müssen gar nicht immer sofort die richtige Antwort wissen. Vergeigen Sie es ruhig, wir lieben Fehler, die kommen so schön ungeplant. In solchen Momenten nicht zu reagieren, ist ja auch schon eine spontane Entscheidung. Sie werden im Verlauf der Lektüre lernen, dass es gar nicht so schlimm ist, etwas zu vergeigen, und Sie die 15 Minuten sogar auf 60 Sekunden verringern können. Das Kaninchen-Feeling können Sie vermeiden, Sie sind nämlich gar kein Kaninchen – fassen Sie sich mal an die Ohren.

Warum immer ich?
Sie! Ja genau, Sie meinen wir!
Sie brauchen es garantiert nicht!

Mangelnde Spontaneität ist ein Thema, das nicht nur Kaninchen auf der Landstraße kennen. Jeder Mensch war schon einmal in einer Situation, in der er gerne spontaner reagiert hätte – das passiert nicht nur bei unseren Vorträgen.

Bei Ihnen ist alles im grünen Bereich und es besteht kein Veränderungsbedarf? Schon klar. Alle anderen haben es nötig. Sie lesen dieses Buch, weil Sie es geschenkt bekommen haben oder das Cover schön fanden: »Nö, bei mir ist alles in Ordnung. Ich brauche keine Veränderung. Ich bin spontan.«

Geht klar! Dann wollen wir Sie nicht weiter stören. Auf diese Weise haben Sie jetzt schon das nächste Weihnachtsgeschenk, das Sie einem Spontaneitäts-Bedürftigen machen können.

Wir haben mal vorsorglich herumgefragt und in unseren eigenen Erinnerungen nach Situationen gekramt, in denen Menschen gerne spontaner wären. Hier ein paar Szenarien:

Es ist Montag, 9 Uhr morgens. Sie arbeiten in einer Grafikagentur. Heute steht eine wichtige Präsentation an. Sie haben das gesamte Verpackungsmaterial einer Molkerei zu gestalten und wollen dem neuen Kunden Ihre großartigen Ideen präsentieren. Sie haben alles gecheckt, das Wochenende durchgearbeitet, Ihre Präsentation ist gut. Insgesamt sind zwölf Personen anwesend, neben den Mitarbeitern der Molkerei auch

Ihr Chef und einige Ihrer Kollegen. Gerade hat Sie Ihr Chef mit den schönsten Worten vorgestellt. Als Sie anfangen zu sprechen, stürzt plötzlich der Computer ab. Er macht keinen Mucks mehr. Kein Back-up. Ihr Kopf leuchtet wie ein Signalfeuer, und Sie spüren Ihre Achselhöhlen. Bevor ein Techniker den Schaden beheben könnte, wären die für Ihre Präsentation angesetzten 15 Minuten schon vorbei. Nun heißt es, spontan Alternativen aus dem Hut zaubern ...

Sie haben ein zweijähriges Kind. Jeden Morgen sind Sie ein Organisationswunder. Auch heute stehen Sie tatsächlich wieder pünktlich um 8.30 Uhr vor dem Kindergarten. Schließlich haben Sie um 9 Uhr ein Vorstellungsgespräch für eine gut bezahlte, inhaltlich interessante Halbtagsstelle. Dass Sie überhaupt zu diesem Gespräch eingeladen wurden, gleicht schon fast einem Sechser im Lotto. Sie stehen vor der Tür und lesen den Aushang auf neongelbem Papier: »Der Kindergarten ist heute wegen Krankheit geschlossen.«

Sie sind seit drei Jahren Single. Von Speed-Dating bis Internet-Kontaktbörsen haben Sie alles erfolglos ausprobiert. Über Facebook finden Sie eine alte Schulfreundin wieder, Sie mailen, telefonieren, die Chemie stimmt. Sie laden Ihre frühere Freundin zum Essen ein und geben alles: Sie reservieren einen Tisch im besten und teuersten Restaurant der Stadt. Alles läuft perfekt. Ein Traumdate. Gerade hat sie noch geschwärmt, dass es kaum mehr Kavaliere der alten Schule gibt. Sie wollen bezahlen und merken, dass Sie Ihr Geld vergessen haben ...

Ihr neuer Freund möchte Sie seiner Familie vorstellen, und Sie sind zum Grillen bei den potenziellen Schwiegereltern eingeladen. Ein tolles Haus mit Swimmingpool. Man feiert in einem Garten, der so groß ist, dass er sicherlich von einem Gärtner gepflegt wird. Sie stehen mit den etwas konservativen

Eltern und den Geschwistern Ihres neuen Freundes zusammen. Ein Wort gibt das andere, und Sie beschließen, dass es jetzt an der Zeit sei, Ihren großartigen, aber leicht anzüglichen Lieblingswitz zu erzählen. Bisher kamen Sie damit immer gut an. Während Sie selber noch über Ihren Witz lachen, starren Ihnen fünf Augenpaare fragend entgegen …

Klassentreffen, zehn Jahre nach dem Abschluss treffen Sie eine alte Schulfreundin wieder, das Mädchen, in das alle verliebt waren, schlank, lustig, sportlich. Der weibliche Star der 9a. Ist sie schwanger? Voller Freude gratulieren Sie ihr zu diesem bevorstehenden freudigen Ereignis. Doch sie ist gar nicht schwanger …

Endlich haben Sie es geschafft, Ihre Frau zu überzeugen, dass Zelturlaube eine tolle Sache sind. Sie liebt nämlich Club-Urlaube, in denen alles organisiert ist. Sie versprechen ihr, dass sie sich um nichts kümmern muss. Auf der verträumten einsamen griechischen Insel stellen Sie fest, dass Sie die entscheidende Zeltstange wohl doch nicht eingepackt haben …

Ein Kunde, den Sie schon lang gewinnen möchten, ruft Sie an und bittet um einen Termin. Das Treffen kommt zu Stande. Sie waren sich sicher, dass der Kunde an Produkt A interessiert ist, und haben sich darauf vorbereitet. Der Kunden fragt jedoch nach Details zu Produkt B. Black-out. Ihr Kopf ist wie leer gefegt, und je mehr Sie versuchen, sich zu erinnern, welche passenden Eigenschaften Produkt B hatte, desto leerer scheint Ihr Kopf zu werden …

Sie sitzen in der Bahn und sehen, wie eine Mutter sich beim Einsteigen mit Kinderwagen und Kleinkind an der Hand und diversen Taschen abquält. Sie sitzen bequem und denken: Da müsste doch mal jemand mit anfassen … Doch Sie bleiben sitzen und schauen sich das Schauspiel aus der Ferne an. Den Rest des Tages plagt Sie ein schlechtes Gewissen ...

Sie trauen sich. Endlich wagen Sie es, die Frisur, die Sie nun schon seit fünf Jahren tragen, zu ändern. Die Haare sollen ab, ein neuer ganz anderer Schnitt muss her. Als Sie vom Friseur nach Hause kommen, begrüßt Sie Ihr Partner mit den Worten: a) »Tolle neue Mütze!« b) »Was macht eigentlich dein Friseur von Beruf?« c) Ihr Partner merkt gar nicht, dass Sie eine neue Frisur haben ...

Ihre Ehe ist der Ihrer Eltern verdammt ähnlich. Und Sie haben sich geschworen, dass IHNEN das nie passieren wird ...

Sie dürfen die Beispiele gerne um eigene erweitern. In allen geht es darum, dem Unerwarteten zu begegnen und spontane Lösungen für ein Problem zu finden. Sie möchten aus solchen Situationen mit einem positiven Gefühl herausgehen. Das kann bedeuten, dass Sie selbst *weniger unzufrieden* mit sich sind, indem Sie aufstehen und der Mutter mit ihrem Kinderwagen helfen oder an Ihrer Ehe etwas verändern. Sie wollen *kreativer* sein und schnell eine Lösung für den ausgefallenen Computer bei der Präsentation finden oder für die vergessene Zeltstange aus dem Ärmel schütteln. Sie möchten auf verbale Angriffe *schlagfertig* reagieren, zum Beispiel nach einem Friseurbesuch. Und wenn der Kindergarten geschlossen hat oder Sie das Geld vergessen haben, um die Rechnung fürs Abendessen zu begleichen, wollen Sie *flexibel* und *lässig* reagieren.

Kurz: Sie wünschen sich, in schwierigen Situationen *spontaner* zu sein.

Spontaneität lässt sich trainieren, und wir möchten Ihnen zeigen, wie das geht. Die gerade aufgeführten Beispiele werden Ihnen dann keine Angst mehr machen, sondern zu Trainingssituationen, die Sie regelrecht herbeisehnen.

Zum Glück begegnet man King Kong eher selten. Sie müssen in der Regel auch nicht die Welt retten. Spontaneität wird in vielen alltäglichen Situationen von Ihnen verlangt, so dass Sie gar nicht merken, wann Sie bereits spontan sind und wo Sie ohne Risiko trainieren können. Und wer weiß, vielleicht kommt doch irgendwann King Kong um die Ecke und Sie kontern mit einem lässigen »Hab ich's doch gewusst!«.

Bei welchen Gelegenheiten möchten Sie gern spontaner sein? Was fällt Ihnen spontan (!) ein?

Gut, Sie sind schon spontan. Dann schreiben Sie doch bitte mal eine »Spontaneitäts-Wunschliste« für jemanden, den sie sehr, sehr, sehr gut kennen und der Ihrer Meinung nach ein bisschen mehr Spontaneität vertragen könnte. Für den Fall, dass Ihnen spontan nichts einfällt, orientieren Sie sich einfach an der nachfolgenden Musterliste.

Spontaneitäts-Wunschliste

von ....
 (bitte tragen Sie Ihren Namen ein)

1. Ich möchte Situationen meistern, in denen Spontaneität von mir verlangt wird.

2. Ich will mich verändern, so dass mir spontane Situationen keine Angst mehr machen.

3. Ich will meine eigene Spontaneität wiederentdecken.

4. Folgende verrückte Ideen wollte ich schon immer mal in die Tat umsetzen: (z. B. zum Flughafen fahren, den günstigsten Last-Minute-Flug buchen und sofort starten)

5. Ich werde eine der oben genannten Ideen in den nächsten zwei Monaten Realität werden lassen.

6. Wann wünschen sich andere von mir, dass ich mal spontaner bin?

..............., den ....
(Ort) (Datum) (Unterschrift)

Das Ja-Buch
Ach ja, noch etwas, bevor es richtig losgeht: Damit Sie alles, was Ihnen ab jetzt passiert, festhalten können, möchten wir das sogenannte Ja-Buch einführen. Dieses Buch soll Sie in Ihrem spontanen Leben begleiten. Verwenden Sie es für die nachfolgenden Übungen und immer, wenn wir Sie dazu auffordern. Als Ja-Buch eignet sich ein einfaches Notizbuch, suchen Sie aus, was immer Ihnen gefällt. Freuen Sie sich, wenn Sie das Buch in einigen Monaten wieder in die Hand nehmen und eine Zeitreise zu den Anfängen Ihres Spontaneitätstrainings unternehmen.

Der Turbolader fürs Leben

Schauen Sie sich unsere Listen von 1998 an – so groß sind die Unterschiede zu Ihren Wünschen vermutlich gar nicht. Sogar die einfachsten Dinge haben mit Spontaneität zu tun. Wir beide hatten damals noch keine Ahnung, wie wir mehr Spontaneität in unser Leben bringen. Unsere gemeinsame Leidenschaft und unser Hobby war das Theaterspielen, wir haben uns sogar bei einem gemeinsamen Auftritt auf der Bühne eines Improvisationstheaters kennen gelernt.

Improvisationstheater ist eine Theaterform, bei der es keine vorgefertigten Texte gibt und das Publikum über den Verlauf des Geschehens mit entscheiden kann. Jeder Schauspieler muss spontan agieren. Auf der Bühne kommt es zu unerwarteten Situationen, die spielerisch zu bewältigen sind. Während die meisten Menschen im Alltag versuchen, allem Unerwarteten aus dem Weg zu gehen, begeben sich Impro-Schauspieler auf der Bühne zur Freude des Publikums immer wieder mit Absicht in unerwartete Situationen. Das Fernsehen hat diese Theaterform als Comedy-Programm unter dem Namen »Schillerstraße« umgesetzt. Wir haben schon damals gespürt, dass hinter dem Prinzip Spontaneität mehr steckt als Futter für eine Comedy-Serie.

Heute wissen wir beide nicht mehr, ob wir zuerst auf der Bühne oder im alltäglichen Leben spontan waren. Das eine ist nicht mehr klar vom anderen zu trennen. Wir wissen aber, dass Spontaneität unser Leben bereichert hat – und zwar in allen möglichen Lebenslagen. Was wir bis dahin als Zufälle ansahen, gibt es für uns nicht mehr. Zufall ist nichts, worauf wir keinen Einfluss haben. Der Zufall gibt eine Situation vor, wir reagieren darauf und machen ihn zu unserer Chance. Der Zufall ist eine Herausforderung für unsere Spontaneität und bietet uns eine Trainingsplattform. In vielen Situationen denken wir heute nur: Einfach mal machen. »Trial and Error«, »Versuch und Irrtum« – wir haben ja unsere Spontaneität im Gepäck. Immer wenn irgendetwas nicht so läuft, wie es laufen sollte, haben wir das Unerwartete schon erwartet. Nach dem Motto: Alles, was kommt, ist gut, auch wenn nicht immer vorhersehbar ist, wofür. Wir sagen zu ganz vielen Situationen erst einmal »Ja«. Eigene und fremde Fehler lassen wir zu und versuchen dabei, im Moment zu sein, also nicht zu viel zu planen. Im Moment zu sein ist gar nicht so leicht angesichts andauernd vibrierender Handys, eingehender Twitter-Nachrichten, Facebook-Meldungen und E-Mails. Unser Kalender gibt uns vor, wann wir wo sein müssen, und lässt dabei wenig Raum für Unvorhergesehenes. Kinofilme wollen gesehen, Züge müssen erreicht und Projektarbeiten pünktlich abgegeben werden. Ganz abgesehen von all den Sorgen und Nöten, die einem so den ganzen Tag im Kopf umherspuken.

Der Trick ist, mit dem Unerwarteten spielerisch umzugehen. Wir genießen die Möglichkeit, in jedem Moment des Alltags spontan sein zu können. Und das kann jeder! Sie haben ab jetzt eine Mission: Wir möchten Sie auf die gute Seite der Macht holen.

> *»Vergessen du musst, was früher du gelernt.«*
> Yoda, Jedi-Ritter

Noch einmal fürs Protokoll: Spontaneität ist unsere Grundhaltung, eine Lebensphilosophie, die wir mit Ihnen teilen wollen. Spontaneität bedeutet nicht, lustige Sätze auswendig zu lernen und bei Bedarf wie ein Gedicht aufzusagen. Wir hatten schon in der Schule keine Lust, Gedichte auswendig zu lernen. Es bedeutet auch nicht, in jedem Moment Ihres Lebens und an jeder Ecke eine total lustige Show abzuziehen. Spontaneität ist eine Lebenseinstellung, die Ihnen die Lässigkeit und die Sicherheit garantiert, vom Plan abzuweichen, auf Ihr Bauchgefühl zu vertrauen, schlagfertig zu reagieren und improvisieren zu können. Dabei kann es zu lustigen Situationen kommen, muss aber nicht.

Hinter einer spontanen Lebenseinstellung steckt viel mehr, als lässig auf etwas Unerwartetes zu reagieren. Sie ermöglicht es Ihnen, Ihre selbst gesetzten Ziele zu erreichen und Chancen, die bislang unbemerkt an Ihnen vorbeigezogen sind, zu ergreifen und zu nutzen.

Wenn Sie sich bislang wie ein Ball fühlten, der auf den Wellen des Lebens hin und her getrieben wird, können Sie ab jetzt selber surfen. Tun Sie es!

»*Tun du musst es. Oder nicht tun du musst.*
Versuche für dich es nicht gibt.«
Yoda, Jedi-Ritter

Spontan etwas Unvorhergesehenes, Verrücktes tun – genau das ist der spielerische Ansatz, der Ihnen auch in schwierigen Situationen weiterhilft. Nehmen Sie »verrückt sein« wörtlich. Wenn Ihnen Ihre Wohnung zu langweilig vorkommt, verrücken Sie Ihre Möbel. Wenn Sie sich zu wenig spontan finden, dann verrücken Sie Ihr Leben.

Sie werden zu einem Teil des Unvorhergesehenen. Sie reagieren nicht nur lässig auf Unerwartetes, Sie werden auch selbst aktiv. Statt nur zu reagieren, agieren Sie und übernehmen Verantwortung für Ihr Handeln. Hinter dem Wunsch nach Spontaneität steckt oftmals auch die Sehnsucht danach, verrückte oder freche Dinge zu tun, die Sie sich in Ihrem geplanten, organisierten, quadratischen Leben nicht trauen: Spontan eine Überraschungsparty für Ihren besten Freund zu organisieren; jemandem spontan, auch wenn er nicht Geburtstag hat, eine Freude zu machen; Ihrem Chef zu widersprechen; auf der Straße zu tanzen; übers Wochenende nach Paris zu fliegen; Ihren Traum zu leben. Wir haben Angst, dass das Unerwartete unsere Lebenspläne durcheinanderwirbelt, dabei führen gerade solche spontanen Entscheidungen unser Leben einen Schritt weiter in die Richtung unserer eigentlichen Ziele. Und wer weiß, manchmal entstehen neue Ziele, die sich schneller nähern, als man denken kann.

Erwarten Sie von uns keine Patentlösungen für Standardsituationen. Denn so etwas gibt es in der spontanen Welt nicht. Wir geben Ihnen keine Gebrauchsanweisung und keinen Inbusschlüssel für Ihr Leben an die Hand. Wir sind nicht Spontan-IKEA. Wie soll das denn auch gehen? Wir kennen Ihr Leben ja gar nicht. Auch ohne Inbusschlüssel werden Sie spontan reagieren können. Schauen Sie auf Ihre Spontaneitäts-Wunschliste und entscheiden Sie am Ende der Lektüre, ob und wie Sie Ihren eigenen Wünschen einige Schritte nähergekommen sind. (Ach nee, die Liste haben Sie ja gar nicht geschrieben ... Und das Ja-Buch, haben Sie das wenigsten angelegt? Dann wird's aber Zeit, sonst können Sie dieses Buch auch gleich weglegen und zu IKEA fahren.)

Spontaneität muss man erleben und entdecken. Nehmen Sie allen Mut und vor allem Ihre Lust zusammen und verlassen Sie Ihre eingefahrenen Wege. Entdecken Sie Ihre eigene Spontaneität. Sie werden Selbstvertrauen brauchen. Da Sie mit uns aber in Bereichen trainieren, in denen Sie in der Regel bereits auf sich selbst vertrauen können, wird sich Ihr Selbstvertrauen eher noch vergrößern. Dennoch macht es Ihnen vielleicht Angst, aber es wird auch aufregend, überraschend und lustig. Kurzum: Sie werden sich fühlen wie frischverliebt, mit allen Vor- und Nachteilen. Schalten Sie diesen Turbolader für Ihr Leben an!

Wir zeigen Ihnen, dass sie bereits spontan sind und wie Sie genau an Ihrem eigenen Spontaneitätspotenzial ansetzen können, um es auszubauen. Dafür werden wir Ihnen immer wieder Geschichten erzählen und Übungen vorstellen, bei denen Sie vielleicht denken: Was soll das? Was bringt mir das jetzt für mein spontanes Handeln? Und wenn Sie genau das denken, sind es die richtigen Übungen für Sie. Diese Übungen kommen unerwartet und spontan um die Ecke und verheißen neue, unerwartete Erlebnisse. Sie werden Dinge machen, die Sie so noch nicht gemacht haben und danach vielleicht auch nie mehr machen wollen. Aber immerhin, Sie haben es gemacht. Sie werden sich daran gewöhnen, Dinge zu tun, die Sie noch nie getan haben. Dabei werden Sie auch Fehler machen, vor denen Sie dann keine Angst mehr haben, denn wir alle wissen: Fehler passieren, doch Sie werden immer die Kontrolle über Ihr spontanes Handeln behalten. Bei allen Übungen entscheiden Sie selbst, was und wann Sie es tun. Sie erweitern Ihr Handlungsrepertoire, damit Sie auch in Situationen, die Sie scheinbar nicht kontrollieren können, den Turbolader Spontaneität lässig dazuschalten können.

Unerwartete Situationen machen Angst, und Angst lähmt. Mit einer spontanen Lebenseinstellung werden unerwartete Situationen ein sicherer Raum, in dem Handeln wieder möglich ist. Sie werden sich daran gewöhnen, sich in unerwartete Situationen zu begeben.

Verlassen Sie Ihre Anti-Spontaneitätswege in kleinen Schritten. Erwarten Sie mit uns zusammen das Unerwartete. Nehmen Sie das Steuer in die Hand. Bleiben Sie nicht wie das Kaninchen mit Kaninchen-Feeling vor dem Porsche auf der Landstraße sitzen, um darauf zu warten, überfahren zu werden. Wagen Sie den Sprung. Ob Sie nach rechts oder links springen, ist egal. Hauptsache, Sie entscheiden sich zu springen.

»*Leben ist das, was passiert, während du eifrig dabei bist, andere Pläne zu machen.*«
John Lennon

Was ist was?
Spontaneität, Improvisation, Schlagfertigkeit

Schauen wir uns mal den Bauplan für diesen Turbolader an. Was ist eigentlich Spontaneität? Der Chef einer befreundeten Agentur kam auf uns zu und schlug vor, einen Vortrag zum Thema Spontaneität und Schlagfertigkeit auf die Bühne zu bringen. Wie reagiere ich, wenn ich in einem Meeting sitze, und mein Vorgesetzter oder ein Kollege wirft mir einen blöden Spruch an den Kopf? Wie hol ich mich aus der Klemme, wenn ich irgendwo mit dem Auto feststecke und zu einem Termin muss? Unser Gesprächspartner hatte schon einige unserer Shows gesehen, er begleitete unsere Arbeit seit Längerem und war immer wieder aufs Neue begeistert: »Ihr seid doch Impro-Schauspieler, euch fällt doch immer eine Lösung ein.« Gesagt – getan, wir entwickelten also unseren ersten Vortrag mit dem Titel »Business Impro – Überzeugen ›frei Schnauze‹« und legten den Grundstein für das »Was ist Was« unserer Lebenseinstellung. Neben Spontaneität tauchen auch immer die Begriffe »Schlagfertigkeit« und »Improvisation« auf. Alle drei Begriffe sind wichtig, man muss sie nur richtig zueinander in Verbindung setzen und herausfinden, welches Problem sich womit lösen lässt. Wir haben gelernt, wann es ratsam ist, mit dem einen oder dem anderen zu arbeiten, wann es überhaupt ratsam ist, egal was davon einzusetzen bzw. wann es sogar zu einem negativen Bumerang werden kann. Dabei hat sich herausgestellt, dass Schlagfertigkeit und Improvisation immer Spontaneität voraussetzen. Spontaneität ist sozusagen die Wurzel, aus der Schlagfertigkeit und Improvisation entstehen können.

Improvisation ist, wenn niemand die Vorbereitung merkt

»Da müssen wir jetzt improvisieren.«
»Da haben Sie doch improvisiert.«
»Ach, in meinem Job bin ich dauernd am Improvisieren.«

Wie oft hören wir diese Sätze von Kollegen, Freunden, Nachbarn oder von unserem Partner. Oft sind sie abfällig gemeint. Dabei kann man Improvisation aus verschiedenen Blickwinkeln betrachten. Probieren Sie es mal aus. Sprechen Sie den folgenden Text mal entsprechend der Regieanweisung, als wären Sie ein großer Hollywoodstar oder ein gefeierter Shakespeare-Darsteller.

Sie sind der Vorgesetzte und betreten das Büro Ihres Mitarbeiters.

Version 1
Der Vorgesetzte (*begeistert, euphorisch lächelnd; er nickt, während er Herrn Schneider auf die Schulter klopft*): »Herr Schneider, da haben Sie aber hervorragend improvisiert.«

Version 2
Der Vorgesetzte (*leicht ironisch, abschätzender Blick; er schüttelt den Kopf und zieht eine Augenbraue hoch, während er schwer atmet*): »Herr Schneider, da haben Sie aber hervorragend improvisiert.«

Ein und derselbe Satz kann Spaß machen und als Kompliment zu verstehen sein, er kann aber auch negativ wirken, wird er mit einem vorwurfsvollen, leicht ironischen Unterton gesprochen. *Herr Schneider, da haben Sie aber hervorragend impro-*

visiert. Die gleichen Worte, aber eine gänzlich andere Bedeutung. »Improvisation« ist kein Schimpfwort, sondern ein Qualitätsmerkmal. Verwenden Sie es entsprechend.

In der deutschen Sprache ist Improvisieren meist gleichbedeutend mit »schlecht vorbereitet«, planlos, aus dem Ärmel geschüttelt. »Ach Ihr macht Improvisationstheater, da muss man ja keinen Text lernen, das kann ich auch ...« Dabei ermöglicht erst Improvisation, aus den vorhandenen Mitteln das Optimale herauszuholen:

Ihr Auto bleibt auf dem Weg zur Arbeit stehen. Keilriemen gerissen. Wie kommen Sie trotzdem pünktlich? Sie müssen improvisieren. Sie leihen sich die Nylonstrümpfe einer Dame, die gerade vorbeikommt, und basten sich daraus einen neuen Keilriemen.

Ihnen fehlt beim Kochen für Ihre Liebste – es ist Ihr fünfjähriges Jubiläum – eine Zutat. Sie müssen improvisieren. Sie steigen in den Garten Ihres Nachbarn, bedienen sich an seinem Kräuterbeet und erfinden ein neues, unglaublich leckeres Rezept.

Sie sind in einer Berghütte eingesperrt, eine Bombe tickt neben Ihnen und 20 Gangster stehen schwer bewaffnet um die Hütte herum. Sie müssen improvisieren. Sie sind MacGyver, unser Fernsehidol in Sachen praktisches Improvisieren. MacGyver verwendete immer genau das, was er vor Ort vorfand, um ein Problem zu lösen. Er entschärfte die besagte Bombe mit einer Büroklammer, lenkte die Gangster mit einer leeren Big-Mac-Schachtel ab, entkam mit einem Drachen aus gelben Säcken aus der Hütte und schickte der Polizei den Standort der Bande per Brieftaube.

MacGyver hatte zwei Utensilien immer am Mann: ein Schweizer Armeemesser und Klebeband. Außerdem konnte er auf ein Physikstudium, seinen gesunden Menschenverstand, den Glauben an das Gute im Menschen und letztendlich auf seine Improvisationsfähigkeiten zurückgreifen. Er war mit all seinen Fähigkeiten und Talenten perfekt auf ungeplante Situationen vorbereitet. Seine Erfolge basierten auf vorhandenen Grundfertigkeiten, die er variieren konnte.

> *»Um eine gute improvisierte Drei-Minuten-Rede zu halten, benötige ich beispielsweise drei Tage.«*
> Mark Twain

Improvisieren ist eine Kunst. Schauen Sie sich Jazzer, Köche und Impro-Schauspieler an – oder eben MacGyver. Ihr Geheimnis ist, dass sie sich auf ihre Grundfertigkeiten verlassen.

Jazzer beherrschen ihr Instrument perfekt. Köche, die aus nichts das feinste Gericht zaubern, verstehen ihr Handwerk, Impro-Schauspieler erwecken innerhalb von Sekunden ohne Kostüme und Bühnenbild Figuren und Geschichten auf der Bühne zum Leben. Dabei lassen sie sich von ihren eigenen spontanen Ideen leiten, wenn sie die Vorschläge des Publikums ohne Wenn und Aber in die Geschichten einbauen. Kein Moment ist wiederholbar und kein Moment ist planbar.

Wenn Sie noch nie eine Klarinette gespielt, geschweige denn berührt haben, dann wird es Ihnen beim besten Willen nicht gelingen, ein Jazz-Solo zu improvisieren. Wenn Sie nicht wissen, wie man Kartoffeln kocht, werden Sie kaum eine gute Mahlzeit zaubern. Wenn Sie noch nie auf einer Bühne gestanden haben, werden Sie nicht ohne Weiteres die Wünsche Ihres Publikums spontan in eine Spielsituation umsetzen können. Um Improvisieren zu können, muss man also in dem jeweiligen Bereich zumindest die Grundlagen beherrschen. Je sicherer Sie sich fühlen, desto besser und großartiger können Sie improvisieren.

> *»Improvisation ist,*
> *wenn niemand die Vorbereitung merkt.«*
> François Truffaut

Jetzt sagen Sie vielleicht: »Ich möchte aber gerade improvisieren, wenn ich nicht vorbereitet bin.« Kein Problem, solange Sie in den Bereichen loslegen, in denen Sie sich gut auskennen. Dann wird man Sie vermutlich für Ihre Improvisationsfähigkeit bewundern. In Bereichen, in denen Sie nicht so versiert sind, sollten Sie sich erst mal vorbereiten, um nicht für Ihre Improvisation traurig belächelt zu werden.

Die meisten Menschen improvisieren auch dann nicht, wenn sie es könnten, denn es fehlt ihnen das grundlegende Vertrauen in die eigenen Fähigkeiten. Dabei sind sie innerhalb ihres Fachgebietes automatisch immer vorbereitet. Als Tischler sind Sie in der Lage, innerhalb Ihres Fachgebietes hervorragend zu improvisieren und beispielsweise aus den einfachsten Mitteln einen Tisch zu bauen. Sie müssen auch nicht plötzlich einen Vortrag über Quantenphysik vor der Nobelpreiskommission in Stockholm halten, wenn Sie noch nie von Quantenphysik gehört haben. Und wahrscheinlich sitzen Sie auch nie im Cockpit einer Boeing 747, 30.000 Fuß über dem Atlantik, während ein schrecklicher Sturm tobt, wenn Sie noch nie ein Flugzeug geflogen haben. Und wenn doch, dann hoffen wir, dass wir nicht an Bord sitzen.

Halten wir noch einmal fest: Wenn Sie improvisieren müssen, dann meistens in Bereichen, in denen Sie sich auch auskennen. Improvisation schafft aus den vorhandenen Möglichkeiten die bestmögliche Lösung. Auch wenn diese auf den ersten Blick sehr unkonventionell aussieht. Improvisation ist die Fähigkeit, auf unkonventionellen Wegen ans Ziel zu kommen.

Asche auf unser Haupt
April 2010. In Island, 3.600 Kilometer von Deutschland entfernt, bricht ein Vulkan aus. Der Flugverkehr in Europa bleibt fünf Tage lang komplett eingestellt. 150.000 Flüge werden ersatzlos gestrichen. Und auf einmal ist überall in den Medien das Wort »Improvisation« zu hören und zu lesen. Wir fühlen uns bestätigt in unseren Ideen. Die Wirklichkeit hat uns eingeholt. Menschen müssen ihre eingefahrenen Anti-Spontaneitäts-Flugwege verlassen und beginnen zu improvisieren. Es bilden sich in ganz Europa Fahrgemeinschaften zwischen wildfremden Menschen. Prominente wie John Cleese, die es sich leisten können, lassen sich mit dem Taxi von Oslo nach Brüssel chauffieren. Die Bundeskanzlerin Angela Merkel fährt mit dem Bus von Rom nach Berlin. Fazit: Wenn wir improvisieren müssen, dann klappt es trotzdem.

Um zu improvisieren, müssen Sie den MacGyver in sich wecken. Das Prinzip dahinter: Arbeiten Sie mit den vorhandenen Mitteln, Ihrem Kopf, Ihren Händen, Ihren Fähigkeiten und allem, was Sie unter den gegebenen Umständen vorfinden.

Schlagfertigkeit: »Immer mitten in die Fresse rein ...«

»Du hast mich so oft angespuckt,
geschlagen und getreten.
Das war nicht sehr nett von dir.
Ich hatte nie darum gebeten.
Deine Freunde haben applaudiert.
Sie fanden es ganz toll,
wenn du mich vermöbelt hast.
Doch jetzt ist das Maß voll.
Gewalt erzeugt Gegengewalt –
hat man dir das nicht erklärt?«
Die Ärzte, Schunder-Song

Zwei Männer treffen sich auf einem Kongress. Einer, der etwas dickere, trägt einen grauen Anzug. Der andere Mann ist schlank, trägt einen auffälligen Anzug mit rosa Nadelstreifen, ein dazu passendes Hemd und eine rosa Krawatte, sehr unkonventionell und jenseits des grauen Einheitslooks. Es ist 8.30 Uhr morgens, und beide Herren haben sich erst gestern kennen gelernt.

Dicker Mann:	»Guten Morgen.«
Modischer Mann:	»Guten Morgen.«
Dicker Mann:	»Sagen Sie mal, gibt es Ihren Anzug eigentlich auch für Männer?«
Modischer Mann:	»Ja, aber nicht in Ihrer Größe.«

So einen kurzen Schlagabtausch am Morgen braucht man so dringend wie eine dritte Schulter. Mitten in die Fresse rein. Am besten noch ohne Frühstück. Und Sie werden es sich schon denken: Es ist uns genau so passiert, auf der Bühne, bei einer Moderation im kleinen Kreis. Ein etwas korpulenter Mann, der in der ersten Reihe saß, begrüßte Ralf vor versammelter Mannschaft mit diesem Satz. Morgens um halb neun. Es gab nach beiden Sätzen ziemlich viel Gelächter. Nach dem zweiten noch mehr. Willkommen in der Welt der Schlagfertigkeit.

Schlagfertigkeit ist eine verbale Technik, die man sich durch assoziatives Denken und durch eine spontane Grundhaltung aneignen kann. Assoziativ denken bedeutet, Dinge miteinander zu verbinden, die scheinbar nichts miteinander zu tun haben. Also das gleiche Prinzip wie bei der Improvisation, nur verbal. Menschen, die schlagfertig sind, gelten in der Regel als witzig und spontan. Wie der Name es schon sagt, ist Schlagfertigkeit eine aggressive Methode, um einen verbalen Angriff oder eine Beleidigung zu parieren oder auch gezielt zurückzuschlagen. Nach dem Motto: Ich kann schlagen und beherrsche diese Fertigkeit.

Einen hab ich noch ...

Zahlreiche Bücher oder Seminare versprechen, dass sich Schlagfertigkeit erlernen lässt, indem man hilfreiche Antwortsätze auswendig lernt und immer wiederkehrende Standardsituationen durchspielt. Das ist sicher eine geeignete Möglichkeit, um ein erstes verbales »Stoppschild« in solchen Situationen zu setzen. Aber was machen Sie, wenn Ihr Gegenüber das gleiche Buch gelesen hat? Gleichstand. Stillstand. Kaninchenfeeling. Oder Bumerang. Dann endet der verbale Schlagabtausch womöglich in einem körperlichen, weil keiner nachgibt.

Kommen wir noch einmal zu unserem Dialog zwischen den beiden Herren zurück und spielen wir ihn bis zum bitteren Ende durch. Was würde passieren, wenn keiner der beiden Herren nachgibt und sie stattdessen den Dialog immer weiter auf die Spitze treiben? Helfen Sie uns, nehmen Sie Ihr Ja-Buch, decken Sie damit den Dialog ab und schreiben Sie Satz für Satz auf, was Sie sagen würden. Es geht los:

Dicker Mann:	»Guten Morgen.«
Modischer Mann:	»Guten Morgen.«
Dicker Mann:	»Gibt es Ihren Anzug eigentlich auch für Männer?«
Modischer Mann:	»Ja, aber nicht in Ihrer Größe.«
Dicker Mann:	»Sie wissen doch, dass es nicht auf die Größe ankommt, sondern auf die Technik.«
Modischer Mann:	»Ach, Sie sind Techniker, ich nutze eher meinen natürlichen Charme bei Frauen.«
Dicker Mann:	»Mit Ihrem Charme bekommen Sie vielleicht gerade noch Heizdecken verkauft.«
Modischer Mann:	»Ja, verkaufen kann ich gut – im Gegensatz zu Ihnen. Die Spatzen pfeifen es ja von den Dächern, dass Ihnen Ihre Kunden scharenweise davonlaufen.«
Dicker Mann:	»Sie unterhalten sich mit Spatzen? Das ist für Sie dann bestimmt schon eine intellektuell hochwertige Unterhaltung. Kommen Sie da überhaupt mit?«
Modischer Mann:	*holt aus und schlägt zu.*

Und wo sind wir gelandet? Wie weit hat uns Schlagfertigkeit gebracht? Gab es einen Punkt, an dem wir hätten stoppen sollen, stoppen müssen, bevor es unangenehm wird? Gegen Ende driftet der Dialog doch sehr in unsachliche persönliche Beleidigungen ab. Wenn das Ihr Ziel ist, dann ist die reine Schlagfertigkeit ein Mittel Ihrer Wahl.

Blöd nur, wenn Ihr Gegenüber einfach spontaner ist, Sie sich deshalb nicht auf Ihre auswendig gelernten Schlagfertigkeitsregeln oder Argumente stützen können und am Ende den Kürzeren ziehen. Für uns bildet genau aus diesem Grund die Spontaneität die Basis für Schlagfertigkeit. Wenn ich nicht nur schlagfertig bin, sondern auch spontan, dann handle ich unkonventionell – ich steige unter Umständen sogar aus dem Schlagfertigkeitsduell einfach aus. Ich bin ein Mensch und nicht bloß eine Phrasendreschmaschine.

Wir haben gute Erfahrungen beim verbalen Schlagabtausch gemacht, wenn wir so früh wie möglich aussteigen, um die Situation nicht eskalieren zu lassen. Das heißt, nach einer schlagfertigen Antwort ist oft Schluss. Hakt unser Gegner noch einmal nach, bekommt er von uns Recht. Wir widersprechen nicht mehr oder ziehen das Gespräch auf die sachliche Ebene, indem wir offen und ehrlich zugegeben, dass uns jetzt nichts mehr einfällt. Wir lassen die Situation hinter uns. Gerade bei den Zuhörern, die gemerkt haben, dass dieses Gespräch die sachliche Ebene längst verlassen hat, führt dieses Verhalten zu einem Punktsieg.

Die spontane Welt – unberechenbar oder ein Genuss?

Ja nun, was ist denn jetzt verdammt noch mal diese Spontaneität? Wo hat sie sich versteckt? Begeben wir uns auf Entdeckungsreise. Starten wir am Anfang. Am Anfang schuf Gott Himmel und Erde ... Nein, so weit auch wieder nicht. Starten wir am Anfang unseres Lebens.

Als Ralf auf die Welt kommt, vermerkt der Arzt im Mutterpass: »Spontane Geburt.« Eine andere Spur: Torsten döst im Chemie-Unterricht und hört im Halbschlaf irgendwas von spontanen Reaktionen. Noch eine Spur: Wenn wir weinen oder lachen, überkommen uns diese Emotionen spontan und unerwartet, wir können sie zum Teil nicht einmal kontrollieren. Darüber hinaus gibt es auch spontane Reaktionen, die wir Reflex nennen. Wir schließen beispielsweise spontan unsere Augen, um uns zu schützen, wenn uns etwas entgegenfliegt.

Verfolgt man diese Spuren, zeigt sich, dass Spontaneität »aus sich selbst heraus« entsteht, also ohne äußeren Einfluss oder fremde Hilfe. Ein »spontan geborenes« Kind ist auf natürliche Weise auf die Welt gekommen, ohne Kaiserschnitt oder einleitende Maßnahmen. Im Chemieunterricht knallt und pufft es, ohne dass jemand eine Substanz entzündet. Und auch unsere Emotionen kommen aus uns selbst heraus. Auf Befehl lachen oder weinen ist nicht möglich, es sei denn, Sie heißen Robert de Niro, aber selbst dann ist es nur gut gespielt und nicht echt.

Halten wir also noch einmal fest: Zum einen ist Spontaneität die Basis für Improvisation und Schlagfertigkeit. Zum anderen steckt in jedem von uns bereits die Fähigkeit, spontan zu sein, weil es um nichts anderes geht, als »aus sich selbst heraus« zu handeln. Schlagfertige Reaktionen kommen »aus uns selbst heraus«, improvisierte Ideen ebenfalls. Wir müssen also nichts auswendig lernen. Geht ja auch nicht – schließlich sagt einem keiner vorher Bescheid. Spontaneität ist unser Sicherheitsnetz für Schlagfertigkeit und Improvisation. Da wir wissen, dass wir spontan sind, können wir uns auf einen verbalen Schlagabtausch oder aufs Improvisieren einlassen. Wir entscheiden selbst, wie wir reagieren, und machen uns keine Sorgen mehr, wenn wir improvisieren müssen. Wir sind total spontan.

Greifen wir das Thema Geburt noch einmal auf. Die spontane Geburt beschreibt sehr gut unser Verständnis von Spontaneität. Sie wissen, dass der Termin vor der Tür steht. Sie besuchen einen Geburtsvorbereitungskurs und richten das Kinderzimmer ein. Sobald Sie erfahren haben, ob es ein Junge oder Mädchen wird, können Sie sogar das Kinderzimmer streichen – blau oder rosa, bei Zwillingen einfach blau-rosa kariert. Aber Sie wissen nicht, wann das Kind geboren wird, wie lange die Geburt dauert und wie es ist, Eltern zu sein. Da müssen Sie im Moment bleiben und aus der Situation heraus handeln. Total spontan.

Spontaneität entsteht aus eigenem Antrieb, wir entscheiden uns bewusst dazu. Um spontan zu sein, hilft uns ein gutes Maß an Intuition. Dazu ist es notwendig, auf unseren Bauch zu hören und schnell einen Entschluss fassen zu können. Wir müssen außerdem die Verantwortung für unsere Entscheidungen übernehmen. Das ist wie beim Sport: Spontancität lässt sich trainieren. Trainieren Sie das, was schon da ist: den spontansten Menschen auf der Welt.

Die Ruhe vor dem Sturm

Wenn Sie kurz vor einem Auftritt zu uns in den Backstage-Bereich kommen, werden Sie merken, dass es dort sehr entspannt zugeht, zumindest bei uns beiden. Um uns herum herrscht totale Hektik, der Veranstalter fragt ab, ob alle Beteiligten an ihrem Platz sind, der Tontechniker checkt, ob alles in Ordnung ist, und die Eventagentur ist nervös, ob wir beim Publikum ankommen. Doch wir beide sitzen hinter der Bühne und freuen uns auf die Show. Natürlich sind wir auch aufgeregt, aber wir wissen, dass wir nichts mehr ändern können, und wir vertrauen unserer Spontaneität. Wir können nicht vorhersagen, ob alles klappen wird, sind uns aber darüber im Klaren, dass wir etwas tun werden. Wir werden im Moment entscheiden. Ob sich das im Nachhinein als die perfekte Lösung herausstellt, können wir in diesem Augenblick noch nicht sagen. Aber wir werden etwas unternehmen. Wir werden eine gute Show, einen guten Vortrag abliefern, die Verantwortung für unser Handeln übernehmen und Entscheidungen treffen.

Sie sind der spontanste Mensch der Welt!

Sie – ja, wir meinen Sie –, Sie sind der spontanste Mensch auf der Welt! Sie wollen Spontaneität lernen? Wieso lernen? Wer sagt denn, dass Sie nicht schon spontan sind? Vermutlich müssen Sie gar nichts lernen, sondern nur entdecken – wiederentdecken. Erforschen Sie Ihr eigenes Leben und entdecken Sie Ressourcen in sich selbst, von denen Sie bislang nur träumen konnten. Wenn Sie davon geträumt haben, sind Sie bislang mitten in der Nacht schweißgebadet aufgewacht und haben gedacht, dass Sie das nie können werden?

Wir möchten Ihnen jetzt zeigen, wo Sie bereits spontan sind und wie Sie diese kleinen Momente der Spontaneität immer weiter ausbauen.

Frage: Wie viel planen Sie täglich im Voraus? Oder andersrum formuliert: Wie oft am Tag handeln Sie spontan?

10%?
30%?
Mehr als 50%?

Überlegen Sie genau. Wir sind großzügig in der Wertung. Was ist beispielsweise an Ihrem morgendlichen Ablauf durchgeplant? Was ist spontan?

Bei Ihnen ist alles durchgeplant? Alles? Na, dann wollen wir mal sehen:

Mit welchem Fuß steigen Sie zuerst aus dem Bett? Immer mit demselben? Haben Sie das geplant? Haben Sie das vorher überlegt?

Lächeln Sie Ihren Partner an oder nicht? Ist das geplant?

Frühstücken Sie jeden Morgen exakt das Gleiche oder variieren Sie? Haben Sie das geplant?

Wie begrüßen Sie Ihren Kollegen, wenn Sie in die Arbeit kommen? Gut, das plant man vielleicht, um seine Ruhe zu haben.

Ist also wirklich alles geplant? Natürlich nicht. Merken Sie was? Hey, Sie sind bereits spontan! Und Sie brauchen nur noch einen kleinen Schritt zu gehen, um ein Spontaneitätskünstler zu werden. Sie sind noch spontaner, als Sie es zu träumen wagten. Ab jetzt können Sie jeden Morgen Schritt für Schritt Veränderungen vornehmen. Gerade aus der Routine heraus fällt es uns viel leichter, die alten Anti-Spontaneitäts-Wege zu verlassen und neue – spontane – Wege zu gehen. Routineabläufe wie das morgendliche Frühstück lassen sich am einfachsten verändern und bieten eine angenehme Plattform, um etwas Neues und Unerwartetes auszuprobieren.

Viele Ihrer Reaktion sind jetzt schon spontan, Sie handeln spontan auf der Basis Ihrer Erfahrungen und Gewohnheiten. Wenn Sie dieses Repertoire erweitern, vergrößern Sie auch den Spielraum. Stellen Sie sich das wie eine Landkarte vor. Ihre Umgebung kennen Sie in der Regel gut und haben schon einige Plätze auf der Karte angekreuzt: Sie wissen, wo Sie wohnen, wo Sie einkaufen können und wo Sie Ihre Freizeit verbringen. Aber wenn Sie zum Beispiel das erste Mal in Irland sind, ist alles anders. Sie müssen sich eine Landkarte kaufen, die aber erst noch um Ihre Erfahrungen erweitert werden muss. An welchem Ort kann man am besten einkaufen, wo kann man sich erholen? Sie sind erst mal unsicher, denn schließlich sprechen sie dort auch noch alle Englisch und fahren auf der verkehrten Straßenseite. Sobald Sie öfter in Irland sind, ist auch der Linksverkehr kein Problem mehr und Sie fühlen sich wie zu Hause. Sie haben trainiert. Und vielleicht fahren Sie danach als Nächstes nach Frankreich, Portugal oder sonst wohin.

Genauso verhält es sich mit der Spontaneität. Erweitern Sie Ihre Spontaneitäts-Landkarte. Verlassen Sie nach und nach Ihre sichere Umgebung, und Sie werden etwas Neues erleben.

Wenn Sie Angst haben, von heute auf morgen spontan zu sein, Ihnen noch das nötige Selbstvertrauen fehlt, sich in die

Welt der Spontaneität zu stürzen, starten Sie im Kleinen und vergrößern Sie Ihren Spontaneitätsradius, genau so, wie Sie Ihr Selbstbewusstsein dadurch vergrößern werden.

Aber wo lässt sich Spontaneität trainieren? Schauen wir mal, was schon da ist und in welchen Situationen Sie bereits jetzt mit Leichtigkeit dem Unerwarteten begegnen.

Gänsehaut und Herzklopfen

Erinnern Sie sich an den Moment, als Sie das erste Mal verliebt waren? Falls Sie diesen Moment nicht kennen, freuen Sie sich darauf, es wird großartig. Alles war möglich, Sie brauchten keinen Schlaf und nichts wurde infrage gestellt. Was auch immer Ihr Partner oder Ihre Partnerin vorschlug, war GRANDIOS und das BESTE, was man JETZT sofort machen sollte. Ich zum Beispiel habe mir voller Begeisterung mindestens viermal »Pretty Woman« angeschaut. In jenem Moment war es der beste Film aller Zeiten – und ich spreche von »Pretty Woman«!? Über Urlaubs- und Ausflugsziele wurde nicht lange diskutiert: »Hey, lass uns das doch gleich buchen.« Die Musik, die meine Angebetete hörte, war natürlich sofort auch meine neue Lieblingsmusik. Ich habe mir damals aus Liebe eine CD von Elton John gekauft, und wer meine CD-Sammlung kennt, weiß, was das bedeutet!!! Ich habe »Ja« zu jedem gemeinsamen Moment gesagt. Meine jetzige Frau hat mir am Anfang unserer Beziehung morgens immer eine geschälte Möhre in die Hand gedrückt. Sie mochte Möhren sehr gerne. Ich hasse Möhren und habe sie dennoch vergnügt jeden Morgen geknabbert.

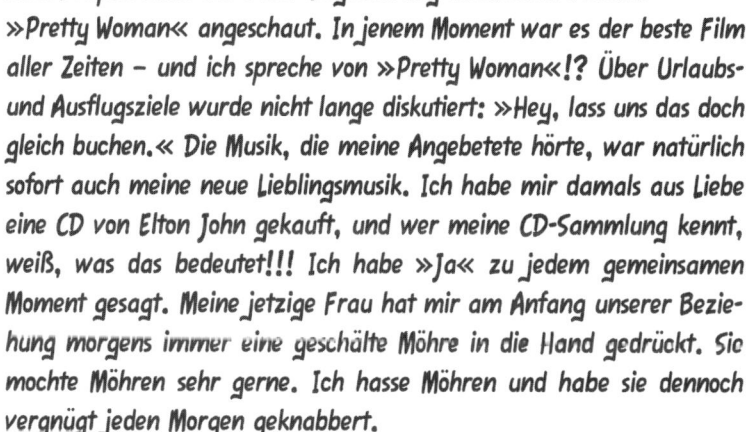

Jetzt sind Sie dran, wir wollen es von Ihnen wissen! Was waren Ihre »Möhren«? Wer war Ihr »Elton John«? Welcher Film

Ihr »Pretty Woman«-Erlebnis? Wie spontan waren Sie, als Sie blind vor Liebe waren?

Was, Sie waren noch nie verliebt? Aber Urlaub haben Sie doch schon mal gemacht, oder?

Sonne auf dem Pelz

Während eines gemeinsamen Urlaubs in Griechenland haben wir es uns einmal zum Prinzip gemacht, immer dahin zu fahren, wo andere Reisende, mit denen wir sprachen, gerade herkamen. Egal, was im Reiseführer stand. Wir bestiegen die nächste Fähre und machten uns auf zu einer neuen Insel. So landeten wir zum Beispiel auf einer winzigen Kykladen-Insel, auf der es keine Pension, keinen Campingplatz und keinen Laden gab. Nur eine einzige Taverne versorgte uns mit dem Nötigsten. Wir haben wild gezeltet, unterm Sternenhimmel am Strand geschlafen. Bis heute war kein Urlaub so erholsam wie diese spontanen zwei Wochen. Nie im Leben wären wir geplant auf diese Insel gefahren.

Oder ein Urlaub an der Ostsee, kurzfristig wird im Garten des Urlaubshauses ein Zelt aufgeschlagen. Man kocht die verrücktesten Gerichte, wobei man ja vorher Stein und Bein geschworen hat, gar nicht kochen zu können. Aber irgendwie kam die Idee vollkommen ungeplant beim Einkaufen, dass sich eine Melone vielleicht auch mit Leberwurst kreuzen ließe.

All die Dinge, die man im Alltagsleben nie machen würde, traut man sich im Urlaub eher mal zu, da man genug Zeit hat, um mit Gelassenheit Ungewohntes auszuprobieren.

Wie verbringen Sie Ihren Urlaub? Keine Pläne, keine Ziele? Lassen Sie die Dinge auf sich zukommen und entdecken Sie auf einmal ganz viel Neues? Haben Sie schon mal einen Plan verworfen, um auf eine andere Insel zu hüpfen?

Sie waren nie verliebt und hatten noch nie Urlaub? Sie lügen! Nein? Auch gut. Aber ein Teenager waren Sie bestimmt!

Smells Like Teen Spirit ...

Als Teenager waren wir alle spontan – ABERSOWASVON, dass es unsere Eltern fast in die Verzweiflung trieb. Torsten hat zum Beispiel in einer Nacht beschlossen, seine Zimmerdecke mit seltsamen Ornamenten zu bemalen und nur noch mit gefärbtem Haar – vier Strähnen, in Weiß, Rot, Schwarz und Blau – und in einem Arbeiter-Overall rumzulaufen. Immer und überall.
Ja, ja, die 80er. Ich bin mit meiner damaligen Freundin sogar einmal in einer Nacht von Nürnberg nach Berlin und wieder zurück gefahren, nur um auf dem Ku'damm Pommes zu essen. Als Teenager bricht man mit Konventionen, stellt sämtliche Regeln infrage, erweitert sie und stellt neue auf. Damals haben wir uns die Freiheit genommen, spontan und kreativ zu sein.

Was haben Sie als Teenager gemacht? Peinlich? Sehr gut. Verraten Sie es keinem oder seien Sie mutig und erzählen Sie es allen. Posten Sie es per Facebook, Twitter oder an einer Litfass-Säule. Plakatwerbung ist günstiger, als Sie denken.

Sie waren nie verliebt, nie im Urlaub und auch nie Teenager? Dann müssen Sie ein Kind sein. Perfekt, legen Sie das Buch einfach weg. Kinder sind spontan.

Schnulleralarm

Wir empfehlen gerne: Schaffen Sie sich Kinder an – oder leihen Sie sich welche. Sie sind die besten Trainingspartner, wenn es um Spontaneität geht. Warum?

Um diese Frage zu beantworten, lohnt ein Blick in unser Gehirn. Es besteht von außen betrachtet aus zwei Abschnitten, die entfernt an Halbkugeln erinnern und deshalb Hemisphären (linke und rechte Gehirnhälfte) genannt werden. Beide Gehirnhälften sind miteinander verbunden und tauschen die ihnen vorliegenden Informationen aus. Gehirnforschung ist ein sehr komplexes Thema, vereinfacht ausgedrückt ist die rechte Gehirnhälfte für die Bereiche Intuition, Kreativität und Gefühle verantwortlich. Die linke Gehirnhälfte steuert das rationale Denken (Logik und Sprache) sowie analytische und mathematische Prozesse. Wenn wir zum Beispiel einen Hund sehen, dann analysiert die linke Gehirnhälfte nacheinander, was wir sehen: Vier Beine, Fell, einen Schwanz, der sich hin- und herbewegt. Daraus entsteht in der rechten Gehirnhälfte das Symbol Hund. Die rechte Gehirnhälfte erfasst das Gesehene ganzheitlich, so dass wir nicht bei jedem Hund die einzelnen Informationen von Neuem durchgehen müssen. Wir denken dann nicht: Mal sehen: Vier Beine, stimmt. Was macht er für Geräusche? Bellen! Okay! Hat er ein Fell? Ja, auch. Gut, das muss ein Hund sein. Dank der rechten Gehirnhälfte wissen wir einfach, dass es ein Hund ist, wir können ihn als Ganzes wahrnehmen. Um die Welt in ihrer Vielfalt wahrzunehmen, brauchen und nutzen wir beide Gehirnhälften. Kinder sind noch sehr von ihrer rechten Gehirnhälfte geleitet, die genau jene Fähigkeiten zur Verfügung stellt, die wir für spontanes Handeln benötigen. Mit Beginn der Schulzeit wird dann die linke

Gehirnhälfte überproportional gestärkt. Lesen, Schreiben, Rechnen werden trainiert. Leider vernachlässigen wir ab diesem Zeitpunkt bis ins Erwachsenenalter die Funktionen der rechten Gehirnhälfte etwas – wir trainieren sie zu wenig.

Je anstrengender ein Kind mit einer ausgeprägten rechten Gehirnhälfte ist, da es sich eben nicht an die Prinzipen »Zeit« oder »Planung« hält, desto besser eignet es sich als Sparringspartner für Ihr Spontaneitäts-Training. Kinder spielen ohne zu planen. Ein Wort gibt das nächste.

Vater, 41 Jahre, und Tochter, 5 Jahre, im Schwimmbad.

Tochter: »Ich bin jetzt ein Wasseradler.«
Vater: (mit *leicht skeptischem Unterton*) »Was ist denn ein Wasseradler?«
Tochter: »Ist doch egal, Papa. Spiel einfach mit, die können alles!«
Vater: »Gut, dann bin ich die Prinzessin auf der Erbse …«

Wasseradler, der
Lebt unter Wasser und bewegt sich mit einer Art Flügelschlag fort. Er ist unbesiegbar. Selbst Wasserdrachen können ihm nichts anhaben. Er ernährt sich von Prinzessinnen und Erbsen.

Wir sind fasziniert von der Fantasie, die Kinder haben, und von ihrem ver-rückten Blick auf Dinge, Wörter und Sätze. Letzten Sommer sind wir bei einem Spaziergang am Meer einem Vater begegnet, der in Erklärungsnot kam, als sein Sohn ihn fragte: »Papa? Wer sitzt eigentlich auf einer Sandbank?«

Gute Frage, man konnte nämlich vom Ufer aus sogar einzelne Sitzplätze sehen, die die Wellen in die Sandbank gegraben hatten.

>»*Die Welt ist ein Spielplatz, das weiß man als Kind, aber irgendwann vergessen es alle!*«
> aus dem Film »Der Ja-Sager« mit Jim Carrey

Oder wie finden Sie diese Feststellung: »Im Winter muss es ja schneien, damit der Rasen mal Ruhe hat vor all den Menschen und Tieren, die auf ihm rumlaufen.«

Unser erster Gedanke als Erwachsene ist natürlich von der linken Gehirnhälfte gesteuert, und wir möchten dem, was wir gerade gehört haben, widersprechen. Schalten wir aber die rechte Gehirnhälfte dazu, müssen wir ganz ehrlich zugeben: Wir haben keine Ahnung, ob das nicht vielleicht DOCH der wahre Grund für Schneefall im Winter sein könnte. Vielleicht sieht der sommerliche Rasen im Garten immer so runtergetreten aus, weil es im Winter nicht genug geschneit hat? Kommen Sie, springen Sie über Ihren Schatten und lassen Sie Wissenschaft Wissenschaft sein. Denken Sie zur Abwechslung unkonventionell kindlich, das müssen Sie nämlich in unerwarteten Situationen auch tun.

Spielen fällt uns mit Kindern leichter, denn dann dürfen wir spielen. Unsere Rolle als Erwachsene verpflichtet uns gerade dazu, mit Kindern spielen zu *müssen*. Niemand wird uns schräg anschauen, wenn wir Tiere wie den Wasseradler erfinden. Die Regeln der Erwachsenenwelt sind außer Kraft gesetzt. Sie dürfen auch als Architekt Lego-Häuser bauen, die keine Türen haben, dafür aber einen schönen Aussichtsturm. Versuchen Sie das mal in der Erwachsenenwelt … Es sei denn, Sie sind ein

Stararchitekt, dann dürfen Sie das tatsächlich und bekommen auch noch viiiiel Geld dafür. Kinder lachen 450 Mal am Tag, Erwachsene durchschnittlich 15 Mal. Wohin sind die restlichen 435 Lacher verschwunden? In den Keller? Oder auf die andere Seite des Gehirns? Mit Beginn der Schulzeit scheinen wir diese Fähigkeiten zu verlieren. Sie blitzen noch einmal in der Pubertät auf, unserer persönlichen Sturm-und-Drang-Zeit.

In unseren Spontaneitäts-Trainings arbeiten wir mit einem spielerischen Ansatz und staunen immer wieder, mit welcher Begeisterung sich alle Teilnehmer, vom Geschäftsführer bis zum Angestellten, von der Ärztin bis zur Hausfrau, darauf einlassen, spielen zu dürfen. Wir übernehmen dabei die Rolle der Kinder, die zum Spiel auffordern. Wortwörtlich hören wir in Vorgesprächen Sätze wie diese: »Das ist doch kindisch, aber machen Sie mal. Schauspieler als Trainer, na, die muss ich ja nicht ganz ernst nehmen.« Wir erteilen die Erlaubnis dazu, spielerisch und völlig gefahrlos Spontaneitäts-Erfahrungen zu machen, die jeder Teilnehmer mit in seine Alltagswelt nehmen kann. So ist es für viele schon ein großes Aha-Erlebnis, ver-rückte Ideen oder Vorschläge eines anderen zu akzeptieren, wenn diese unerwartet kommen und von der eigenen Vorstellungswelt abweichen. Eine Kindergärtnerin erzählte, dass sie immer enttäuscht war, wenn die Kinder ihre Pläne für den Tag durchkreuzten, weil sie sich so tolle Ideen ausgedacht hatte, um den Tag mit ihnen zu verbringen. Nach dem Training konnte sie sich auf die Kinder und deren Pläne ganz neu einlassen und zusammen mit ihnen den Tag gestalten. Ihre Vorbereitungen macht sie nach wie vor gut und originell, nur ist sie jetzt bereit, diese vorbereiteten Ideen als eine Möglichkeit von vielen zu sehen. Die Tage mit den Kindern empfindet sie seitdem deutlich kooperativer.

Ein Außendienstmitarbeiter eines Pharmaunternehmens fiel es nach dem Training leichter, nach einer für ihn unerwarteten Fachfrage eines Arztes auch mal einzugestehen, dass er zu diesem speziellen Thema im Moment keine Antwort parat habe. Die Aufrichtigkeit gegenüber dem Arzt verbesserte sogar das Vertrauensverhältnis. In den spielerischen Übungen im Seminar hatten die Kindergärtnerin und der Außendienstmitarbeiter schnell erlebt, wo sie sich in ihren jeweiligen Handlungsroutinen festgefahren hatten. Gerade die Übungen haben am Ende beiden ermöglicht, spontaneres Verhalten zuzulassen.

Und die gute Nachricht für Sie: Sie waren auch mal ein Kind, auch Sie hatten eine gut trainierte rechte Gehirnhälfte. Vergrößern Sie gemeinsam mit uns Ihren Wohnraum um 100%.

»Der Kopf ist rund, damit das Denken die Richtung ändern kann.«
Francis Picabia

Und es kommt noch besser: Egal wie alt oder eingerostet Sie sind, Sie können Ihre rechte Gehirnhälfte jederzeit erfolgreich trainieren.

Bei welcher Gelegenheit sind Sie von Kindern mal richtig überrascht worden? Welches Spiel haben Sie mit Kindern gespielt und würden es lieber nicht erzählen? Wann haben Kinder Sie mal richtig sprachlos gemacht?

Sie sind spontan, wenn Sie sich auf den Moment einlassen! Denken Sie an Ihre erste Liebe.

Sie sind spontan, wenn Sie sich von Ihren eigenen Plänen befreien oder einen Plan einfach mal verwerfen! Denken Sie an Ihren letzten Urlaub.

Sie sind spontan, wenn Sie sich aus Ihrem Korsett von Regeln und Konventionen befreien! Denken Sie an Ihre Jugend.

Sie sind spontan, wenn Sie die Welt spielerisch betrachten, so als hätten Sie sie noch nie gesehen! Denken Sie an Ihren vierten Geburtstag.

Treffer versenkt

Wir wurden kürzlich von unserer eigenen Spontaneität überrascht. Es gibt Momente im Leben, da meint man, alles versenkt und nur noch eine Spur der Verwüstung hinterlassen zu haben. Und auf einmal kommt alles ganz anders, als man denkt.

Wir öffnen mal unsere Backstage-Türen: Die Zusammenarbeit mit einem Kunden beginnt immer mit einem Vorgespräch. Nichts Neues für uns. Zuerst ein wenig Small Talk: »Ja, wir haben gleich hergefunden, das Wetter ist wunderbar, und die Fußballergebnisse sind auch so wie immer …« Anschließend stellen wir unsere Art zu arbeiten vor. Dann konkretisieren wir die gemeinsame Zusammenarbeit. Dabei sitzt man mit zwei bis vier Personen nett beim Kaffee zusammen.

Bei einem Vorgespräch für einen Auftrag kam es aber anders. Unserer potenzieller Kunde – eine Bank – hatte eine Unternehmensberatung gebeten, die verschiedenen Anbieter von Businesstheater mal gründlich unter die Lupe zu nehmen. Wir kamen in einen großen Raum, in dem acht sehr wichtig aussehende Personen mit Anzug an einem Tisch saßen, jeder von ihnen ein Namensschild vor sich. Direkt gegenüber ein Tisch für uns beide, ebenfalls mit Namensschildern versehen. Und los ging es: Ohne weitere Vorstellung der Anwesenden oder eine Einführung in den Gesprächsverlauf hagelte es Fragen:

»Herr Voller, Herr Schmitt, wie würden Sie denn unsere Problematik genau auf die Bühne bringen?«

Wir hatten bis dahin nicht die geringste Ahnung, um was es überhaupt gehen sollte.

»Herr Voller, Herr Schmitt, die IT-Abteilung und der Einkauf haben Kommunikationsprobleme – welche Sätze würden diese Problematik in Ihrem Theaterstück versinnbildlichen?«

Wir hatten bis dahin immer noch keine Ahnung, wer diese acht Personen überhaupt waren. Wie wär's mit einer kleinen Vorstellungsrunde, Jungs?

Wir standen, so gut es ging, Rede und Antwort. Die Herrschaften machten sich nach jeder Antwort eifrig umfangreiche Notizen. Eine Weile ging das so weiter: Eine Frage eines Gesprächsteilnehmers, eine Antwort von einem von uns. Frage, Antwort, kritzel, kritzel, schreib, schreib, Frage, Antwort, kritzel, kritzel, schreib, schreib…

Bis Folgendes passierte: Zunächst wollten wir alles richtig machen, den potenziellen Kunden nicht verlieren. Bloß keine Fehler machen, uns der Situation bestmöglich stellen. Aber gedacht habe wir: Was ist das denn hier für eine abgefahrene Veranstaltung? Die sind ja jetzt schon komischer als wir auf der Bühne. Wir wurden begutachtet und fühlten uns wie die Verkäufer in einem Baumarkt, die von einem Kunden mit einer Checkliste zur Wohnungsrenovierung ausgefragt werden. Es hätte uns nicht verwundert, wenn sie auch noch gefragt hätten:

»Wie viele Umdrehungen machen Sie?«

»Gleichstrom – Wechselstrom?«

»Kreuz- oder Schlitzschrauben?«

Für einen Moment waren wir in einem Tagtraum eingetaucht. Schließlich tranken wir jeder einen Schluck Kaffee, tauschten Blicke aus und spürten, wie angespannt und verärgert wir langsam ob dieser komischen Situation wurden, die sich gerade als Zeitverschwendung herausstellte. Kaninchen-Feeling! Der Bauch wusste es, bevor der Kopf es erkannte, dieses Scheißgefühl war das letzte und deutlichste Signal, dass dies nicht der richtige Ort für uns war. Wir schauten uns noch einmal an und haben wohl beide in dem Moment gedacht: Wenn die weitere Zusammenarbeit in diesem Projekt so abläuft, dann wollen wir den Auftrag nicht.

Und auf einmal habe wir beide den Turbolader Spontaneität zugeschaltet, alle Erwartungen an die Situation über Bord geworfen, das Schwert in die Hand genommen und nach unseren Regeln weitergespielt. Wir ließen keine Fragen mehr zu, sondern stellten nur noch selber Fragen, um zu klären, was aus unserer Sicht für die Zusammenarbeit wichtig war. Dabei versäumten wir auch nicht, darauf hinzuweisen, dass wir uns in dieser Form eine Zusammenarbeit nicht vorstellen könnten und wie eine solche Veranstaltung laufen müsse, damit wir dabei wären. So läuft es und nicht anders. Punkt. Wir waren mit uns zufrieden, obwohl der Auftrag verloren schien. Anschließend sind wir Eis essen gegangen und haben uns über die Situation amüsiert.

Am gleichen Abend bekamen wir einen Anruf, dass wir auf der internen Punkteskala überall die höchste Punktzahl erreicht, die Problematik voll erfasst und den Job sicher in der Tasche hätten – es würde jetzt nur noch um Formalien gehen. Yeah! Strike!

Aber oft kommt es dann noch mal ganz anders, als man denkt. Aufgrund der Finanzkrise wurde der Auftrag abgesagt. Das Unerwartete sagt vorher nicht Bescheid. Gut so!

Wenn alles aus dem Ruder läuft und Sie die Kontrolle verlieren, haben Sie gar keine andere Wahl, als spontan zu sein. Entscheiden Sie sich für den Moment, setzen Sie sich in Ihr eigenes Cockpit und geben Sie Gas. Drehen Sie auf. Versuchen Sie nicht, es jemanden recht zu machen, dem man es sowieso nicht recht machen kann – zumindest nicht Sie und nicht in diesem Moment. Wenn man Sie nicht akzeptieren will, wie Sie sind, dann versuchen Sie nicht, sich zu verbiegen. Es würde nicht klappen.

Letztendlich haben wir in dem Gespräch mit der Bank nur auf unseren Bauch gehört. Aber darf man das in dieser durchgeplanten Welt? Bauchentscheidungen? Gefühle? Faustregeln? Das sind ja gleich drei Wünsche auf einmal. Auf das, was wir in einem Überraschungsei finden, freuen wir uns, warum nicht auch auf andere Überraschungen, zum Beispiel überraschende Bauchentscheidungen?

Kopf oder Zahl? Ich nehme Bauch!

Wie oft haben Sie schon nach einer Entscheidung gesagt: »Hätte ich mal auf meinen Bauch gehört! Eigentlich wusste ich doch, was richtig war!«?

In schwierigen Situationen vergisst man in der Regel, dieses Bauchgefühl ernst zu nehmen. Wir nehmen es eher als störend wahr, weil es so unerwartet und schnell kommt. Nur wohl durchdachte Entscheidungen sind gute Entscheidungen.

Zumindest glauben wir das. In Situationen, in denen wir spontan reagieren wollen, muss aber schnell eine Entscheidung her. Viel Zeit zu überlegen bleibt da meistens nicht. Also warum nicht auf die Intuition, die innere Stimme hören? Der Bauch ist in solch einem Moment der beste Partner, den wir haben. Das Bauchgefühl gibt uns einen Anhaltspunkt für unser Verhalten und es arbeitet verdammt schnell. Nutzen Sie diese Kraft. Immer wenn Ihre innere Stimme sagt: »Das kann man doch nicht machen«, ist das ein gutes Zeichen, auf den Bauch zu hören.

Kürzlich sprachen wir mit einer Gruppe von Sparkassenmitarbeitern über ein neues Beratungstool. Es handelte sich dabei um eine Art »Wimmelbild«, wie man sie aus Bilderbüchern für Kinder kennt. In diesem Stil wurden die Vorteile eines speziellen Mehrwert-Girokontos als Bild dargestellt. So sieht man zum Beispiel in der einen Ecke des Bildes einen Kunden, dem im Ausland sein Geld gestohlen wurde und der nun den weltweiten Bargeldservice seiner Sparkasse in Anspruch nimmt. Ein anderer Teil des Bildes zeigt einen Kunden, der den kostenlosen Ticketservice des Kontos in Anspruch nimmt, bei dem er lokale Veranstaltungen zu vergünstigten Eintrittspreisen kaufen kann. Die Mitarbeiter der Sparkasse sagten, dass sie das Bild eigentlich gut und praktisch fänden und oft den Impuls verspürten (Bauchgefühl!), es im Kundengespräch zu nutzen, aber sich dann doch nicht trauten, denn »das kann man doch nicht machen, das ist doch nicht seriös«. Nachdem sie ihr Bauchgefühl trainiert hatten, konnten sie ihm nachgeben. Ihre Kunden haben das Bild dankbar als Beratungshilfe angenommen und waren froh, dass ihnen die Vorteile des Kontos einmal so einfach und klar präsentiert wurden.

Das Bauchgefühl haben Sie wahrscheinlich (hoffentlich!) auch, wenn Sie mit dem Auto unterwegs sind und einparken müssen. Sie verlassen sich auf Ihr Bauchgefühl und entscheiden spontan, ob die Parklücke groß genug für Ihr Auto ist. Wir haben auf einem Parkplatz noch nie jemanden gesehen, der ausgestiegen ist und mit dem Zollstock vorm Einparken die Lücke ausgemessen hat. Oder denken Sie an die Fernsehshow »Wer wird Millionär«. Sobald die vier Antwortmöglichkeiten eingeblendet werden, startet unser Bauchgefühl. Wir haben einen Impuls für die richtige Antwort, und öfter, als wir denken, ist diese dann am Ende sogar richtig. Die Spannung der Sendung entsteht auch deshalb, weil der Moderator Günther Jauch die spontanen Entscheidungen der Kandidaten hinterfragt, um so die Bauchentscheidung den rationalen Überlegungen gegenüberzustellen, was letztendlich zu der Unsicherheit der Kandidaten führt.

Es gibt so viele Signale dafür, dass der Impuls für eine Handlung oder Entscheidung schon längst gefallen ist, ehe der Kopf davon etwas mitbekommt. Horchen Sie mal in sich hinein. Gibt es bei Ihnen auch solche Situationen? Wir kennen diesen Impuls von unseren Auftritten auf der Bühne. Würde man eine Zeitlupenwiederholung einer unserer Shows zeigen, könnte man genau sehen, wann eine Idee für eine Szene entsteht. Dann verändert sich unsere Körperspannung. Wir atmen anders, holen tief Luft, lehnen uns leicht nach vorne und gehen in die Szene, denn wir haben für uns gelernt, diese Impulse zu beachten und danach zu handeln.

Wenn wir Workshops geben, ist dieser Impuls ebenso sichtbar. Zwei Teilnehmer spielen eine kurze Szene, die anderen schauen zu. Jeder soll selbst entscheiden, ob und wann er in die Szene reingeht und mitmacht – ganz spontan. Sobald ein

Teilnehmer eine Idee für die Entwicklung der Szene hat, verändert sich seine Haltung. Das geht so weit, dass er schon fast aufsteht und … sich dann doch wieder in seinem Sessel zurücklehnt. Schade. Meistens ärgern sich diejenigen anschließend, weil jemand anders mit genau der gleichen Idee auf die Bühne ging. Was ist passiert? Der Teilnehmer hat die Signale seines Körpers falsch interpretiert, die Angst, einen Fehler zu machen, siegt über die Spontaneität. Wenn wir einen Teilnehmer in einem solchen Moment auffordern, in die Szene zu gehen, sein Bauchgefühl also unterstützen bzw. verstärken, ist er meist ganz erleichtert, seine Idee einbringen zu dürfen, denn ein anderer hat die Entscheidung getroffen und ist damit verantwortlich für einen eventuellen Fehler. Warten Sie nicht auf die Entscheidung von außen. Übernehmen Sie die Verantwortung, sich in das Spiel des Lebens einzubringen. Sonst macht es jemand anderes, und Sie ärgern sich.

Ja, aber darf ich denn auf meinen Bauch hören? Das kann doch nicht richtig sein, das ist doch nur ein Gefühl und damit nicht wissenschaftlich belegt.

Dazu passt eine Geschichte, die aus dem Buch von Malcolm Gladwell, »Blink – The Power of Thinking Without Thinking« (Deutscher Titel: »Blink! Die Macht des Moments«) stammt. Der Autor erzählt darin, wie das Getty-Museum in Los Angeles plante, die antike griechische Statue eines Jünglings anzukaufen, den sogenannten Kouros. Um die Echtheit zu prüfen, wurden verschiedene Verfahren angewendet: Gesteinsproben wurden im Labor »mittels Elektronenmikroskop, Elektronenstrahl-Mikroprobe, Massenspektrografie, Röntgendiffraktions- und Röntgenfluoreszenzuntersuchungen« analysiert. Kurz, viele komplizierte Techniken, von denen wir auch keine Ahnung haben, wie sie im Einzelnen funktionieren. Letztendlich präsentierte das Museum stolz den Neuerwerb, und einige Experten begutachteten die Statue. Sie alle spürten Zweifel an der Echtheit. Malcom Gladwell beschreibt die Reaktionen der Experten wie folgt:

»Irgendetwas störte ihn, ohne dass er genau hätte sagen können, was …«
»Aber in dem Moment, in dem Houghton die Statue enthüllte, hatte sie eine Ahnung, ein instinktives Gefühl, dass mit dem Jüngling irgendetwas nicht in Ordnung war.«
»Er werde nie vergessen, was er beim Anblick (…) gedacht habe, erzählte er. Es war ›frisch‹ – ›frisch‹, erinnerte er sich. Und ›frisch‹ ist normalerweise nicht gerade das erste Wort, das einem beim Anblick einer zweieinhalbtausend Jahre alten Statue einfallen sollte.«

Aufgrund dieser intuitiven Experten-Reaktionen und den damit zunehmenden Zweifeln an der Echtheit der Statue wurde zur Klärung eine Konferenz einberufen, und bis heute konnte nicht abschließend geklärt werden, ob die Statue ein Original oder eine Fälschung ist.

Im Katalog des Getty-Museums findet sich bis heute ein Foto des Kouros mit der Bildunterschrift »Zirka 530 vor Christus oder moderne Fälschung.«

Wir wollen damit zum Ausdruck bringen, dass auch die scheinbar wissenschaftlichsten Analysen und Tests nicht unbedingt verlässlicher sind als unser Bauchgefühl. Wir behaupten sogar, dass in neun von zehn Fällen eine Entscheidung aus dem Bauch heraus genauso richtig ist wie eine wohl durchdachte. Wie oft war eine gut geplante Entscheidung am Ende doch die falsche? Das soll Ihnen Mut machen, in unerwarteten Situationen auf Ihren Bauch zu hören. Erstens: Es geht schnell. Zweitens: Sie haben eine Entscheidung getroffen und drittens und am wichtigsten: Sie haben Verantwortung übernommen und es geht weiter.

So. Was sagt Ihr Bauch dazu? Meinen Sie, man darf auf Bauchentscheidungen hören? Oder sollte man doch lieber alles rational durchplanen? Sie wollen noch mehr Belege? Sollen Sie haben.

Professor Dr. Gerd Gigerenzer ist Psychologe und Direktor am Max-Planck-Institut für Bildungsforschung in Berlin. In seinem Buch »Bauchentscheidungen« legt er sehr anschaulich dar, dass wir Bauchentscheidungen auf der Basis von Faustregeln treffen: »Eine Faustregel unterscheidet sich grundlegend von einer Bilanzmethode mit Pro und Kontra; sie versucht, die wichtigste Information herauszugreifen, und lässt den Rest außer Acht.«

Ein einfaches Beispiel für eine Bauchentscheidung sei, so Professor Gigerenzer, das Fangen eines Balles. Würde man erklären wollen, was genau dabei passiert, müssten wir hoch komplizierte mathematische Berechnungen zur Flugbahn des Balls, zu unserem eigenen Bewegungsverlauf etc. anstellen. Letztendlich rechnen wir aber nicht, sondern fangen den Ball einfach. Sobald wir beginnen, darüber nachzudenken, liegt der Ball schon längst am Boden. Amerikanische Baseballspieler habe folgende Faustregel entwickelt: »Wenn ein Ball hoch ankommt, richtet der Spieler den Blick auf den Ball, beginnt zu laufen und passt seine Geschwindigkeit so an, dass der Blickwinkel konstant bleibt.« Als Probe aufs Exempel empfiehlt Gigerenzer, einen Tennispartner, der im Spiel führt, mal danach zu fragen, wie es ihm gelänge, so eine gute Vorhand zu spielen. Sobald Ihr Gegner anfängt, darüber nachzudenken, wird seine Vorhand nicht mehr so gut sein, und Sie gewinnen das Spiel.

Unser Gehirn eignet sich unbewusst Fähigkeiten an, auf die wir in vielen Situationen vertrauen, ohne darüber nachzudenken. Indem wir über unser Handeln nachdenken, schränken wir unsere Fähigkeit, intuitiv zu handeln, eher ein. Wer »Tim- und Struppi«-Comics kennt, erinnert sich vielleicht an Kapitän Haddock, der in einer Geschichte gefragt wird, ob er nachts mit dem Bart über oder unter der Bettdecke schlafe. Die Konsequenz: Der Kapitän kann die ganze Nacht nicht mehr schlafen, weil er über diese Frage nachdenkt.

Befinden wir uns in Situationen, in denen wir uns entscheiden müssen, haben wir den Glaubenssatz »Mehr ist immer besser!« verinnerlicht, so Professor Gigerenzer. Bauchentscheidungen zeichnen sich jedoch dadurch aus, dass sie auf überraschend wenig Informationen beruhen, deshalb erscheinen sie uns bzw. unserem Bewusstsein auch wenig vertrauenswürdig, denn sie beruhen auf dem Glaubenssatz »Weniger ist mehr!«. Wir können unseren Bauchentscheidungen besonders gut in Bereichen vertrauen, schlussfolgert Professor Gigerenzer, die uns wohl bekannt sind, in denen unser Gehirn bereits die Möglichkeit hatte, zu üben.

Richard Branson, englischer Milliardär und Gründer u.a. von Virgin Records, Virgin Airlines, hat für sich die Regel aufgestellt, alles innerhalb von 30 Sekunden zu entscheiden. Er zwingt sich damit regelrecht dazu, auf seinen Bauch zu hören, und fährt bislang sehr gut mit dieser Methode.

Der Journalist und Pulitzer-Preisträger Joseph T. Hallinan erklärt in seinem Buch »Lechts oder Rinks. Warum wir Fehler machen«, weshalb zusätzliche Informationen die Vorhersagen von Experten nicht verbessern. Er beschreibt einen Versuch von Paul Slovic, Professor am Oregon Research Institute. In dem Versuch erhielten Experten für Pferdewetten fünf Einzelinformationen zu einem Pferd und dem Jockey, die sie sogar selbst wählen durften. Im Anschluss daran bekamen Sie 10, 20 und am Ende 40 Einzelinformationen. Und Sie können es sich schon denken: Die Experten hatten mit nur fünf Informationen die gleiche Trefferquote wie mit 40. Die Entscheidungen verbesserten sich also nicht aufgrund von mehr Informationen. Denken Sie an die 30-Sekunden-Regel von Richard Branson. Sie können Ihrem Bauch vertrauen.

Auch im Supermarkt bei der Wahl der richtigen Kassenschlange vertrauen wir nicht unserem Bauch. Stattdessen versuchen wir, auf der Basis der vorhandenen Informationen die »richtige« Schlange zu wählen. Wir überprüfen, wie viele Teile in den einzelnen Einkaufswagen liegen, wie fit der Kassierer zu sein scheint, wie viele Rentner vor uns stehen, die in aller Ruhe das Kleingeld aus dem Portmonee klauben. Letztendlich helfen uns die ganzen Informationen meist nicht weiter und die andere Schlange kommt immer schneller vorwärts.

Ein Bauingenieur sagte uns mal nach einem Training: »Ich habe so viel mit Zahlen und harten Fakten zu tun, dass ich im Umgang mit meinen Kollegen gar nicht mehr merke, dass mein Bauch mir empfiehlt, mit ihnen auch mal über was anderes als über unsere Zahlen zu sprechen. Allein dass ich in diesem Training darüber geredet habe, führte dazu, dass ich sensibler für meine Bauchgefühle geworden bin. Nun muss ich es aber auch umsetzen und ihnen folgen.«

Sechs Warnhinweise:
Was passiert, wenn Sie spontaner werden

Wollen Sie wirklich spontan werden? Überlegen Sie es sich gut. Es geht um eine unerwartete Situation, die sich vorher nicht angekündigt hat. Sie können nicht planen, sondern müssen aus dem Moment heraus schnell entscheiden und Verantwortung für die Folgen übernehmen. Und das Gemeine: Die Folgen kennen Sie noch nicht. Und nicht genug davon. Es kommt noch schlimmer! Sobald Sie Ihre Anti-Spontaneitäts-Wege verlassen, können auch noch Nebenwirkungen auftreten. Wir fühlen uns verpflichtet, Sie über die sechs wichtigsten Nebenwirkungen zu informieren.

1. Warnhinweis: Sie könnten kreativer werden

Hat sich die Spontaneität als Lebensphilosophie bereits in Ihr Leben eingeschlichen? Haben unsere Beispiele Sie vielleicht schon inspiriert? Das kann gut passieren, Sie wissen ja, wie das ist: Beschäftigt man sich erst einmal mit einem Thema, dann taucht es überall um einen herum auf. Denken Sie bereits assoziativ und verbinden Dinge und Themen miteinander, die auf dem ersten Blick nichts miteinander zu tun haben und erst durch ihre Verknüpfung einen neuen Sinn ergeben? Hat Ihnen kürzlich jemand gesagt: »Mann, bist du spontan!«? Nichts anderes ist Kreativität. Spontane Menschen sind kreativ. Denken Sie an die Methodik des »Brainstormings«. Dabei geht es darum, Ideen zu einem Thema zu sammeln und spontane Ideen zu nutzen, um kreative Lösungen für Aufgaben und Probleme zu entwickeln. Beim Brainstorming wird jede Idee zu einem Thema unkritisiert aufgenommen und beflügelt so die nächste. Spontane Menschen verhalten sich genau so. Sie erweitern ihr Leben durch »Spontaneitäts-Bereiche«, in denen zunächst alles erlaubt ist. Das feuert automatisch ihre Kreativität an. Und mit Kreativität meinen wir nicht, dass Sie unbedingt das Zeug zu einem großen Künstler haben müssen. Kreativität benötigen Sie auch bei der Lösung von alltäglichen Problemen im Beruf wie im Alltag. Spontane Menschen reagieren flexibler. Sind Sie schon flexibler in Ihrem Denken und Handeln geworden? Beginnt es Ihnen vielleicht sogar schon, Spaß zu machen?

2. Warnhinweis: Sie könnten sich zu einem Teamplayer entwickeln

Spontane Menschen bringen anderen Menschen mehr Aufmerksamkeit entgegen. Sie erleben, dass Spontaneität auch etwas mit Teamarbeit und Kooperation zu tun hat, und sorgen dafür, dass ihr Gegenüber gut dasteht. Spontane Menschen akzeptieren fremde und eigene Ideen uneingeschränkt. Sie stehen selber gut da, weil Sie präsenter sind. Entscheidungen werden schneller fallen und können dem Leben einen neuen Rhythmus geben. Oder, wie ein Marketingleiter einmal nach einem Training mit uns bemerkte: »Wir müssen auch im Job ständig präsent sein, damit ein guter Rhythmus entsteht und sich jeder auf den anderen verlassen kann.« Ein anderer Kunde, ein Anwalt, bestätigte uns das: »Früher habe ich bei

Plädoyers im Gerichtssaal immer auf den Boden geschaut, keinen Kontakt aufgebaut. Ich habe versucht, keinen Fehler zu machen und mich an alles zu erinnern. Seit dem Spontaneitäts-Workshop rede ich viel freier und selbstbewusster. Ich nehme Kontakt mit dem Richter und dem gegnerischen Anwalt auf. Das hilft und bringt zudem mehr Spaß.«

3. Warnhinweis: Sie könnten Spaß haben

Wenn Anwälte Spaß haben, muss doch was dran sein. Wir kommen vom Theater. Wir spielen Theater. Spielen ist auch beim Thema Spontaneität ein entscheidender Faktor. Wir gehen spielerisch mit Situationen um. Spontaneität zu trainieren bringt Spaß. Spontane Menschen lachen viel. Wenn wir unsere Businesstrainings in Tagungshotels vorbereiten, fragen wir in der Regel im Hotel an, welche Veranstaltungen parallel in den Nachbarräumen stattfinden. Das laute Lachen unserer Kursteilnehmer hat das eine oder andere Mal schon gestört. Wie soll man denn auch einem langweiligen Meeting folgen, wenn die Teilnehmer nebenan sich vor Lachen auf dem Boden wälzen? Eine wesentliche Facette einer spontanen Lebenseinstellung ist, Spaß dabei zu haben, andere Menschen zum Lachen zu bringen, ihnen Freude zu bereiten und auch selbst mehr zu lachen. Wer spontan handelt, kann andere Menschen damit zum Lachen bringen, ihnen einen schönen Tag bereiten. Zum Glück setzt es sich langsam durch, dass Schulungen auch Spaß machen dürfen. Lachen lockert auf und unterstützt uns dabei, uns auf neues Denken und damit Spontaneität einzulassen. Einige unserer amerikanischen Kollegen haben ihre Workshops in Playshops umbenannt. Eine hervorragende Idee.

4. Warnhinweis: Sie könnten Ihr Leben in Balance bringen

Sie sind auf einem Spielplatz. Es gibt eine Wippe, schön, groß und stabil. Sie wollen gerne wippen. Sie lieben es zu wippen. Sie sitzen auf der einen Seite der Wippe und jemand mit dem gleichen Gewicht auf der anderen. Perfekt. So ist alles ausbalanciert, und das gemeinsame Wippen kann losgehen. Nach einer Weile hat Ihr Gegenüber aber keine Lust mehr, springt ab und geht. Und da sitzen Sie nun ganz allein und langweilen sich. Sie fühlen sich unzufrieden, dicke Tränen kullern über Ihre Wangen. Ihnen fehlt die Balance. Sie bleiben einfach am Boden kleben. Genauso verhält sich das im Leben, nur vielleicht ohne die dicken Tränen. Sie brauchen immer ein Gegengewicht, das für Ausgleich sorgt. Dummerweise gibt es im Leben keinen Stillstand, alles ist ständig in Bewegung. »Wipp-Partner« kommen und gehen. Und wir balancieren mehr als zwei Seiten einer Wippe. Das sogenannte Life-Balance-Modell empfiehlt die folgenden vier Bereiche gleichberechtigt auszubalancieren, um ein zufriedenes Leben zu führen.

- Beruf und Karriere
- Familie, Beziehung, Freunde
- Gesundheit, Körper
- Sinn- und Zukunftsfragen, Visionen

Spontanen Menschen gelingt es, diese Bereiche in Balance zu halten. Auf der Wippe des Lebens bleiben sie nicht unten sitzen, sondern bewegen sich. Finden sie keinen »Wipp-Partner«, stellen sie sich in die Mitte der Wippe und versuchen allein, die Balance zu finden, um die Schaukel in Bewegung zu halten. Und wenn sie mit einem neuen Partner auf der Wippe spielen, der ein anderes Gewicht hat, richten sie sich wieder neu aus, setzen sich weiter nach vorne oder hinten, Hauptsache Balance. Ein Leben ohne Spontaneität ist, als würden wir mit der Wippe am Boden kleben bleiben. Spontane Menschen wischen sich ihre Tränen ab und begeben sich auf die Suche nach Balance auf dem Spielplatz des Lebens.

5. Warnhinweis: Sie könnten authentischer und sympathischer werden

Spontane Menschen verändern sich in ihrer Kommunikation. Sie sehen Fehler anderer nicht mehr so eng. Und noch besser, sie stehen zu ihren eigenen Fehlern – sie lassen sie zu, statt sie zu verstecken. Spontane Menschen wissen, dass es nichts bringt, Fehler zu verstecken. Kurz: Sie übernehmen Verantwortung für ihr Handeln. Den fehlerfreien Menschen gibt es nicht. Deshalb nehmen sie die Dinge mit Humor und zeigen sich damit menschlicher und authentischer.

Nach einem Spontaneitäts-Training kann es schon mal passieren, dass der Vorstand eines großen Unternehmens auf der Bühne steht und seinem Außendienstmitarbeitern ein neues Produkt vorstellt. So bei einer Firmenveranstaltung geschehen: Auf die Frage aus dem Publikum, warum denn ausgerechnet dieser Verkaufspreis gewählt wurde, antwortete er: »Wir konnten uns zwischen zwei Preisen nicht entscheiden, letztendlich haben wir uns für den höheren entschieden. Ob das ein Fehler war, werden wir in einem Jahr wissen.« Überraschter und anerkennender Applaus im Publikum. Das ist authentisch.

Wenn wir Firmentrainings durchführen, dann wissen wir meist nichts über die Hierarchien in der Gruppe. Als Trainer interessiert es uns nicht unbedingt, wer Abteilungsleiterin ist oder wer in der Poststelle arbeitet. Das führt dazu, dass wir niemanden im Workshop davor schützen, vor den anderen Fehler zu machen. Wenn eine Führungskraft dann in einer Übung, wie alle anderen auch, einen Fehler macht, ist die Freude bei den Teilnehmern immer besonders groß. Spätestens dann wissen auch wir Trainer, wer in der Hierarchie weit oben steht. Wenn die Mitarbeiter dann noch sagen: »Mensch, ich wusste gar nicht, dass der Chef auch über seine Fehler lachen kann«, haben wir die perfekte Arbeitsatmosphäre für den weiteren Verlauf des Workshops. Und von dieser gemeinsamen Erfahrung profitieren alle Teilnehmer am Ende für ihr Berufs- und Privatleben.

6. Warnhinweis: Sie könnten Geld sparen

Spontane Menschen sparen viel Geld, weil sie ab sofort keine Abenteuer- oder Erlebnisurlaube mehr buchen müssen. Eine Expedition zum Nordpol kostet 19.900 Euro. Sie können sich das Geld auch sparen, wenn Sie eine Expedition in die Welt der Spontaneität unternehmen. Das Basiscamp haben Sie bereits erreicht. Wie bei einer Nordpol-Expedition auch, werden Sie richtig gefordert und entdecken gleichzeitig neue Welten, diesmal in sich selbst. Nur die Minusgrade können wir Ihnen beim Spontaneitäts-Training nicht bieten. Doch ein kleines Kühlhaus mit 16 Quadratmetern bekommen Sie schon für 19.800 Euro. Damit hätten Sie 100 Euro gespart.

Sechs Ausreden:
Warum Sie auf keinen Fall spontan sein wollen

Wir haben Ihnen mit den Warnhinweisen viele gute Gründe geliefert, welche Gefahren auf Sie lauern, wenn Sie sich dafür entscheiden, spontaner zu werden. Sollte Ihnen das nicht reichen, dann greifen Sie doch einfach auf Ihre eigenen Ausreden – die gängigsten – zurück. Wir haben mal eine Auswahl zusammengestellt.

Stellen Sie sich folgende Situation vor: Ihr Chef ist auf die großartige Idee gekommen, uns zu einer Firmenveranstaltung einzuladen. Sie hatten den ganzen Tag Meetings und Workshops, jetzt ist es kurz vor 19 Uhr, und Sie warten mit Ihren

Kollegen auf den Beginn der Vorstellung. Sie stehen nichts ahnend zusammen an einem Stehtisch und unterhalten sich. Was Sie nicht wissen: Wir starten unsere Show nicht auf der Bühne, sondern schon vorher bei Ihnen an den Stehtischen. Dafür verkleiden wir uns nicht als lustige Peruaner mit Panflöten oder getarnt als Kellner, nein, wir kommen mit Zettel und Stift bewaffnet auf Sie und Ihre Kollegen zu. Eigentlich möchten wir, dass Sie uns überraschen, uns Probleme machen. Wir kommen also zu Ihnen und sagen:

»Guten Abend, wir sind heute für Ihre Unterhaltung zuständig, schreiben Sie uns bitte spontan einen Satz auf diesen Zettel, der auf der Bühne gesagt werden muss. Anonym. Schreiben Sie nicht Ihren Namen auf den Zettel. Und nein, wir werden auch nicht Ihre Handschrift analysieren lassen. Wir bauen Ihre Sätze lediglich in unsere Show ein. Spontan. Viel Spaß.« Aus den Reaktionen der anwesenden Mitarbeiter leiten wir jetzt die sechs folgenden Ausreden ab. Wenn wir also an die Stehtische kommen, teilt sich das Publikum schon mal in zwei Gruppen. Die einen sagen spontan:

»Oh toll, ich darf wirklich ALLES schreiben? Super! Heute zeige ich es denen da oben aber mal richtig.«

Besagte Person schnappt sich gleich vier Zettel und verschwindet diabolisch grinsend zum nächsten Stehtisch. Es bleiben aber noch vier Leute am Tisch stehen. Die Mehrheit reagiert wie folgt:

»Äh … Jetzt?«
»Mein Kollege schreibt für mich mit, der hat doch vier Zettel genommen.«
»Mir fällt nichts ein.«
»Ich bin nicht spontan.«

»Muss es auch noch lustig sein?«
»Ich hab schon was geschrieben.«
»Ich bin Ihr Auftraggeber.«
»Ich will aber nicht auf die Bühne.«
»Ich bin wirklich nicht spontan.«
»Mein Kollege hat die besseren Ideen.«
»Kann ich das morgen abgeben?«
»Ich gehöre gar nicht dazu.«
»Ich weiß nicht, ob ich nachher noch da bin.«
»Ich glaube, Sie haben schon genug Zettel.«
»Ich kann nicht schreiben.«
»Ich bin in leitender Position.«
»Ich habe eine Allergie gegen Kugelschreiber.«
»Ich bin nur zufällig hier.«
»ICH BIN WIRKLICH EINFACH NICHT SPONTAN.«

Wir nennen diese Art von Menschen Show-Stopper. Mit einem Show-Stopper als Mitspieler – egal ob auf der Bühne, in der Partnerschaft oder am Arbeitsplatz – geht es nicht weiter. Was ist aber, wenn Sie selbst der Show-Stopper sind? Wenn Sie nicht spontan sein möchten oder einfach nie spontan sind?

Gut, Sie sind wirklich nicht spontan. Dann wollen wir Sie auch nicht weiter von Ihrem unspontanen Leben abhalten. Lassen Sie uns einfach mal herausfinden, was dagegen spricht, spontan zu sein und diesen Zettel, den wir Ihnen gegeben haben, auszufüllen. Schauen wir uns an, wie so eine spontane Situation entsteht und was Sie am besten dagegen unternehmen können. Wie gehen Sie spontanen Situationen aus dem Weg? Welche Mechanismen blockieren Ihre spontanen Entscheidungen? Was hält Sie davon ab, einen einfachen Satz –

Subjekt, Prädikat, Objekt – auf einen Zettel zu schreiben? Oder anders gefragt: Welche Ausreden verwenden Sie gerne, um sich davor zu drücken, spontaner zu reagieren?

Ausreden werden benutzt, wenn man irgendetwas nicht offen und ehrlich zugeben möchte. Man lügt sich selbst in die Tasche und ist am Ende auch noch unzufrieden mit sich selbst. Das eigentliche Thema, das man mit der Ausrede vermeiden wollte, ist nur kurzfristig beiseitegeschoben worden. Meistens stehen hinter den Ausreden Bedenken, irgendeine Angst oder Lustlosigkeit. Es lohnt sich, die Themen hinter den Ausreden genauer zu betrachten, denn wenn man weiß, was eigentlich dahintersteckt, fällt es leichter, aus der Vermeidungshaltung in die Handlung zu kommen und Spontaneität zu riskieren.

Kommen wir zurück zu unserem Beispiel mit dem Zettel und Stift. Welche Ausreden begegnen uns beiden immer wieder und was könnte sich dahinter verbergen? Bei welcher Ausrede erkennen Sie sich wieder?

Ausrede Nr. 1: »Ich will so bleiben, wie ich bin« – »Du darfst.«

Sie möchten, dass alles so bleibt, wie es ist. Ihr Lieblingssätze lauten: »Das habe ich schon immer so gemacht. Ich habe noch nie blöde Zettel ausgefüllt und ich mache es heute auch nicht. In der Drogerie greife ich auch immer zu demselben Duschgel, und wenn sich bei dem Produkt mal die Verpackung ändert, ärgere ich mich. Gerade gestern habe ich festgestellt, dass meine Lieblings-Tagescreme durch ein anderes Produkt ersetzt worden ist. Warum muss man was ändern, wenn es doch funktioniert?«

Gut, das ist natürlich ein guter Grund, nicht spontan zu sein. Auch wenn andere sagen, die einzige Konstante sei die Veränderung. Das Argument »Verändern Sie sich, sonst werden Sie verändert« lassen Sie nicht gelten. Ist doch toll, wenn andere mich verändern. Wenn Dinosaurier spontan gewesen wären, könnten wir sie heute im Zoo anschauen, und wer will das schon?

Ausrede Nr. 2: »Unter Zeitdruck geht schon mal gar nichts!«

Eine unerwartete, also spontane Situation tritt in der Regel unerwartet auf, wer hätte das gedacht. Sie hatten keine Zeit, sich vorzubereiten, und wir kommen einfach an Ihren Tisch und verlangen von Ihnen, einen Zettel auszufüllen, ganz spontan. Sie geraten unter Zeitdruck, weil Sie meinen, schnell und auch noch witzig reagieren zu müssen. Sie hassen Zeitdruck, das schränkt Sie in Ihrer Entscheidungsvielfalt ein. Sie konnten nicht alles optimal durchplanen. Das ist wie beim Arbeitsspeicher eines Computers, Sie sind überlastet. Zeitdruck hindert Sie daran, spontan zu reagieren. Was würde passieren, wenn Sie bestimmen könnten, wann Sie uns Ihren Zettel mit dem Satz zurückgeben? Wenn wir unterwegs sind und die Zettel verteilen, sagen wir immer dazu: »Sie haben so viel Zeit, wie Sie wollen. Wir kommen nachher wieder vorbei.« Sobald dieser Zeitdruck wegfällt, kommen die Teilnehmer meist schon nach einer Minute wieder, wollen ihren Zettel abgeben oder sogar noch einen zweiten und dritten, weil sie auf einmal so viele Ideen haben. Die meisten merken gar nicht, in welcher kurzen Zeit sie dann doch spontan etwas aufgeschrieben haben.

Aber das zieht nicht bei Ihnen? Zeitdruck ist Zeitdruck. Daran lässt sich nichts ändern? Sehr gute Ausrede! Merken! Setzen!

I Don't Like Mondays.
Ralfs Geheimnis. Bitte nicht weitersagen.
An einem grauen und regnerischen Montagmorgen bekam ich einmal eine Anfrage einer Kollegin, einen Moderationsjob zu übernehmen. Es war früh am Morgen, ich hatte noch keinen Überblick über meine kommenden Termine und einfach keine Energie, das spontan zu entscheiden. Also sagte ich zu ihr: »Montag entscheide ich nie was, ich rufe dich morgen zurück.« Sie lachte und erwiderte, sie sei noch nie so charmant vertröstet worden.

Ausrede Nr. 3: »Das ist mir nicht sicher genug.«

Super Ausreden bislang. Aber da geht noch mehr. Selbst wenn Sie sich dazu durchringen, einen Satz auf den Zettel zu schreiben, erlauben Sie uns nicht, ihn in unsere Show einzubauen, sondern fragen stattdessen:

»Wie ist es denn um meine Sicherheit bestellt? Wenn ich jetzt was auf Ihren Zettel schreibe, dann könnte ja rauskommen, dass das von mir stammt. Dann hat mich mein spontanes Verhalten möglicherweise in eine gefährliche Lage gebracht. Vielleicht ist der Satz oder das Schreiben an sich schon ein Fehler. Was für Sicherheiten habe ich denn, wenn ich spontan handle? Ich besitze einen Bausparvertrag, habe die Riesterrente abgeschlossen, mein Partner und ich fahren ein Auto aus Schweden, wir haben eine Rechtsschutzversicherung bei der Advocard. Wir leben in einem sicheren Umfeld. Gated communities of spontaneous life. Ich möchte nicht alles durch mein spontanes Verhalten gefährden. Meine Zurückhaltung ist doch viel sicherer.«

Unseren Einwand, dass es doch gar keine verlässliche Sicherheit gäbe, lassen Sie natürlich nicht gelten und kontern gleich mit Ihrer nächsten Ausrede.

Ausrede Nr. 4: »Ich bin ein Urmensch.«

Wir fragen noch einmal ungläubig nach. Doch Sie haben tatsächlich zu uns gesagt: »*Ich bin ein Urmensch und kann nichts auf diesen Zettel schreiben.*«

Okay, wir sind echt gefährlich. Wir stehen vor Ihnen. Bewaffnet mit einem Zettel und einem Stift und auch noch gut gelaunt. Aber Sie wissen, dass Sie gleich etwas tun müssen. Sie spüren die Gefahr, die von dieser Situation ausgeht. Sie riechen unseren Atem. Es gibt keinen Ausweg. Doch da blitzt eine Lösung auf, die Sie seit Jahrtausenden in Ihrem Unterbewusstsein gespeichert haben – von Generation zu Generation weitergegeben. In gefährlichen Situationen wie dieser – wir kommen mit Zettel, Stift und einer kleinen, spontanen Aufgabe auf Sie zu – wollen Sie nur weglaufen (ganz spontan auf die Toilette) oder Sie wollen mit uns kämpfen (einfach zuschlagen, uns umhauen und dann über dem Feuer rösten und verspeisen). Das hat schon seit Tausenden von Jahren gut funktioniert. Ein Verhalten, das wir Menschen seit Urzeiten pflegen, es heißt: »Fight or Flight«. Kampf oder Flucht.

Weder »Fight« noch »Flight« ist heutzutage eine gute Lösung in unerwarteten Situationen, in denen Sie lieber Ihren

Kopf benutzen sollten, um weiter handlungsfähig zu bleiben. In gefährlichen Situationen, wenn wir beispielsweise einem Tiger oder einem Mammut gegenüberstehen, mag diese Methode sinnvoll sein und unser Überleben sichern. Im Großstadtdschungel des 21. Jahrhunderts passiert das aber eher selten. Unsere gefährlichen Situationen heißen Meetings, Diskussionen mit dem Partner, unerwartete Ereignisse. Dabei wollten wir doch nur einen einfachen Satz von Ihnen. »Fight or Flight« hindert uns also eher, spontan zu sein. Gut so, denken Sie?

Ausrede Nr. 5: »Ich bin nicht witzig.«

Vier Ausreden haben Sie uns schon präsentiert. Aber wir bleiben hartnäckig mit Zettel und Stift bei Ihnen stehen. Das zählt schon als »Spontaneität mit vorher Bescheid sagen«, oder? Sie jedoch sagen: »*Ich bin einfach nicht witzig.*«

Gut, sind wir auch nicht immer, wir können auch keine Witze auswendig vortragen. Wer hat denn überhaupt was von Witz gesagt? Spontanes Verhalten hat nicht unbedingt etwas damit zu tun, witzig sein zu müssen. Wir kennen alle den folgenden Typ von Mensch: Hunderte von Witzen für jede Situation parat, aber sonst total unspontan. Sie sollten einfach nur einen Satz aufschreiben, und der muss nicht amüsant sein. Vergessen Sie also den Anspruch »witzig zu sein« sofort wieder. Es geht nur darum, die Aufgabe zu lösen. Wenn Ihre Lösung auch noch amüsant ist, schöner Nebeneffekt.

Humor, Witz und andere Menschen zum Lachen zu bringen, ist ein Nebenprodukt von Spontaneität. Es freut uns, wenn Sie mit Ihrer spontanen Art Ihre Kollegen, Freunde und Ihren Partner zum Lachen bringen. Aber richten Sie Ihre Spontaneität nicht darauf aus. Spontan handeln bedeutet, einem Impuls und einem inneren Antrieb zu folgen, wenn Sie dabei sich und anderen Spaß bereiten, dann freuen Sie sich. Bewusst komisch zu sein, klappt meistens nicht. Wenn Sie aber versuchen, spontaner zu agieren, werden Sie und Ihre Umgebung vermutlich auch mehr zu lachen haben, ganz ungewollt.

Witze und Comedy funktionieren, weil etwas Unerwartetes passiert und Dinge kombiniert werden, die sich auf den ersten Blick nicht kombinieren lassen. Das ist ein Grund, warum spontane Menschen oft auch als witzig wahrgenommen werden. Sie machen unerwartete Sachen, kombinieren etwas in unerwarteter Weise und nehmen die Dinge mit Humor.

Wir machen nun etwas, das man eigentlich nicht darf. Wir erklären Ihnen einen Witz, wir überschreiten den Rubikon für Comedians. Bitte erzählen Sie es nicht unseren Kollegen. Ach ja, und dass Sie es gleich wissen: Es ist der beste Witz der Welt.

Der Leberwurstwitz
Metzger: »Guten Tag.«
Kunde: »Guten Tag.«
Metzger: »Bitte schön, was darf es denn sein?«
Kunde: »Ich hätte gerne Leberwurst, aber von der fetten Groben.«
Metzger: »Tut mir leid, die hat heute Berufsschule.«

Und ... gelacht? Oder kannten Sie den schon? Was passiert hier? In der Metzgerei ist etwas Unerwartetes geschehen – eine Wendung, mit der keiner gerechnet hat. Die Erwartungshaltung wird gebrochen. Ein Witz startet meistens von einer neutralen, positiven Plattform. Alles ist friedlich, niemand rechnet damit, dass die Situation eine unerwartete Wendung nehmen könnte. Das ist die Ausgangsbasis für den Witz. Alles ganz harmlos:

Eine kleine Metzgerei auf dem Land. Ein Sketch im Stil der 80er-Jahre. Ein Kunde betritt den Laden, nehmen wir einmal Didi Hallervorden, für die Jüngeren unter Ihnen Bastian Pastewka. Draußen scheint die Sonne, drinnen riecht es nach Wurst. Der Metzger, ein älterer, gemütlicher Herr mit weißer Schürze und Schlachtermesser in der Hand steht hinter der Theke. Eine perfekte Rolle für Diether Krebs. Der Kunde hält den Einkaufszettel seiner Frau in der einen Hand und in der anderen eine Stofftasche. Man kennt sich.

Und dann folgt die unerwartete Wendung: Cindy aus Marzahn ist übrigens die Dame in der Berufsschule. Der Witz funktioniert, weil etwas Unerwartetes passiert, weil Konventionen gebrochen werden. Der Kunde möchte, wie es ihm seine Frau aufgeschrieben hat, fette grobe Leberwurst kaufen. Der Metzger bezieht die Frage aber auf seine Angestellte. Er bricht die Erwartungen des Kunden und wirft unsere Erwartungen an die Geschichte über den Haufen, die Story entwickelt sich in eine Richtung, mit der keiner rechnete.

Das ist ein Grund, warum spontane Menschen als witzig wahrgenommen werden. Sie verlassen das sichere Terrain und agieren auf unerwartete Weise. Auf sprachlicher Ebene kombinieren sie Dinge, die auf den ersten Blick nicht zusammenpassen. Sie handeln unerwartet. Sie begeben sich mit ihrer Spontaneität aufs Glatteis und legen eine wunderbare Kür hin. In der Regel machen sie das aber nicht mit der Intention, lustig zu sein.

Eine Partnervermittlung hat 4.000 Singles befragt, worauf sie bei ihrem Partner Wert legten. 96% der Befragten antworteten, dass Humor als Eigenschaft vorhanden sein müsse, um eine Partnerschaft einzugehen. Wann haben Sie zum letzten Mal Ihren Partner oder Ihre Kollegen zum Lachen gebracht? Obwohl wir es beruflich machen, andere Menschen zum Lachen zu bringen, sagt meine Frau oft zu mir, dass ich so ernst wäre. Meine Aufgabe lautet seitdem, auch zu Hause spontaner zu sein. Denn eigentlich lache ich gerne und viel. Ralfs persönlicher Vorsatz: Bringe deine Frau und deine Töchter zum Lachen. Mindestens 5 Mal am Tag. Bei meinen Töchtern klappt es schon wunderbar. Bei meiner Frau nicht immer. Aber immer öfter. Wer witzig ist, ist nicht automatisch spontan.

Bei der Moderation einer dreitägigen Firmenveranstaltung arbeiteten wir einmal mit einem ganz besonderen Konzept. Gleich zu Beginn der Tagung vollzogen wir mit den Teilnehmern einen Zeitsprung von acht Stunden. Die Mitarbeiter kamen am Freitagmittag an und gingen durch eine »Zeitschleuse«. Sie mussten ihre Uhren abgeben und bekamen neue, auf denen es acht Stunden später war, also 21 Uhr statt 13 Uhr. Nach diesem Rhythmus verbrachten wir ein komplettes Wochenende miteinander. Eine gute Basis, um spontaner zu reagieren.

Wir haben den Firmenmitarbeitern von außen eine unerwartete Situation vorgegeben und alle eingeladen, dieses Spiel mitzuspielen. Wir verabredeten gemeinsam, als Gruppe in dieser Zeitschleife zu leben. Alle hatten Lust mitzuspielen. In einer spielerischen Stimmung traut man sich eher, unerwartete Dinge zu tun. Obwohl es eigentlich Mittagszeit war, zeigten unsere Uhren 21 Uhr an. Wir haben deshalb sofort mit der

Party begonnen. Teilnehmer, die normalerweise lieber früh ins Bett gehen, lebten sich begeistert auf der Tanzfläche aus und sind erst morgens um 6 Uhr (nach unserer Zeitrechnung!) ins Bett gegangen oder haben gleich bis zum Frühstück durchgefeiert. Teilnehmer, die sonst als korrekt und vorbildlich gelten, sind »tagsüber« an den Tischen eingeschlafen. Die Zeitverschiebung hat allen ein Stück Routine und Sicherheit genommen. Und wenn man sich, animiert durch solche »Spielregeln«, anders verhält als normalerweise, dann traut man sich auch, neue Verhaltensweisen auszuprobieren und vielleicht sogar zum Partykönig zu werden. Die Teilnehmer waren aufgedreht und guter Laune.

Sehr zum Nachteil für einen Gastredner, Autor eines der komischsten Bücher der letzten Jahre, der zu einer Lesung auf dieser Veranstaltung eingeladen worden war. So witzig sein Buch ist, so unspontan verhielt er sich im Umgang mit den Zuschauern. Er reagierte weder auf gut gelaunte Zwischenrufe noch auf irgendwelche Reaktionen aus dem ausgelassenen Publikum. Er hielt sich an seinem Text und dem vorbereiteten Ablauf fest. Es wurden für ihn und die Teilnehmer der Veranstaltung sehr zähe 55 Minuten.

Was lernen wir daraus? Wer witzig ist, muss nicht auch automatisch spontan sein. Aber wer spontan ist, kann auch sehr witzig sein.

Ausrede Nr. 6: »Das war so nicht abgesprochen.«

Jetzt haben Sie uns, wie wir mit Zettel und Stift so an Ihrem Tisch stehen, einfach stehen gelassen und uns im Weglaufen noch zugerufen: *»Das war so nicht abgesprochen.«*

Kann es sein, dass Sie Angst haben, die Kontrolle zu verlieren? Traurig stammeln wir, dass es gar nicht darum ginge, die Kontrolle komplett abzugeben. Sie dürfen jederzeit selbst entscheiden, wie viel Kontrolle Sie abgeben. Nur ist es leider so, dass manches nicht kontrollierbar ist. Das Unerwartete lässt sich nicht kontrollieren und kommt – auf die Gefahr hin, dass wir uns wiederholen – unerwartet. King Kong kommt um die Ecke oder die Kindergärtnerin ist krank, und dann wäre es doch schön, trotzdem handlungsfähig zu bleiben.

Hinter der Ausrede »Kontrollverlust« steht die Sorge, ab jetzt in das Chaos des Unvorhersehbaren abzutauchen und nur noch das tun zu müssen, was Ihnen gerade spontan in den Sinn kommt. »*Schmitt und Voller haben das doch in ihrem Buch gesagt.*« Sie befürchten, Ihren Kollegen, Freunden, ihrer Familie kein verlässlicher Partner mehr zu sein. Dabei fügen Sie nur eine weitere Facette zu Ihren Handlungsmöglichkeiten hinzu. Sie entscheiden nach wie vor selbst, wann und wie spontan Sie sind. Sie entscheiden auch selbst, wie Sie ab jetzt vorgehen: Ob Sie offen für Spontaneität sind, lieber geplant, gewohnt und sicher durchs Leben gehen oder einen Kompromiss eingehen. Bei unserem Zettel-Beispiel sieht der Kompromiss zum Beispiel so aus:

Wenn wir von unseren Zuschauern die Antwort bekommen: »Ich will nichts auf den Zettel schreiben«, dann sagen wir: »Toll, das ist doch schon ein Satz, schreiben sie DEN doch auf.« So waren Sie spontan und haben dennoch die Kontrolle behalten.

Trotzdem, die absolute Sicherheit gibt es leider nicht. Behalten Sie Ihr Ziel, Ihre Vision im Auge. Was möchten Sie erreichen und welche Methoden können dabei hilfreich sein? Manchmal ist es sinnvoll, genau nach Plan vorzugehen. Die

Kunst besteht darin, im richtigen Moment den Plan beiseitezuwerfen und auf den Bauch zu hören bzw. sich auf die Situation einzulassen und spontan zu handeln. Dazu brauchen Sie Navituition.

Navituition

Vor einer Weile waren wir zu einem Training in der Nähe von Frankfurt unterwegs. Unser Flug hatte Verspätung. Um am gleichen Abend noch ein kurzes Gespräch mit unseren Kunden zu führen, mussten wir schnellstmöglich das Tagungshotel, etwa 100 Kilometer von Frankfurt entfernt, erreichen. Alles war genauestens geplant. Der Mietwagen mit Navigationssystem gebucht. Das Navi programmiert und los ging's. Autobahn – Bundesstraße – Landstraße – ein kleines Dorf, in keinem Haus brannte noch Licht zu dieser späten Stunde, kein Mensch auf der Straße. Enge Einbahnstraßen. Nach einer Weile standen wir in der finstersten Nacht in einer Sackgasse, vor uns eine hübsche, akkurat und sauber gemauerte Wand, während die freundliche Stimme aus dem Navigationssystem uns anhielt, jetzt acht Kilometer weiter geradeaus zu fahren. Beim Wenden mischte sie sich wieder ein und drängte uns, bei der nächsten Gelegenheit umzudrehen. Es war Zeit, den Plan hinter uns zu lassen und spontan zu entscheiden.
Wir schalteten das Navi aus und fuhren nach Gefühl zurück zur nächsten großen Straße. Von dort aus hangelten wir uns

an Orts- und Straßenschildern entlang, die uns irgendwie bekannt vorkamen. Wir folgten den Schildern und landeten schließlich noch vor Mitternacht in dem Tagungshotel.

Manchmal muss man seine Werkzeuge – Intuition und Navigation – geschickt und spontan kombinieren. Kopf oder Bauch? Navigation oder Intuition? Beides. Wir nennen es »Navituition«.

Was immer Ihr Plan ist, versuchen Sie ihn mit »Navituition« zu erreichen. Auf der Bühne improvisieren wir, um eine Geschichte zu erzählen. Sie nutzen Ihre spontanen Fähigkeiten, um andere Ziele zu verfolgen. Vielleicht wollen Sie auf der Karriereleiter weiter nach oben, Ihr erstes Buch schreiben, mehr Zeit mit Ihrer Familie verbringen, eine Weltreise machen, im Umgang mit Ihren Kollegen schneller und flexibler reagieren, mehr Kunden glücklich machen. Oder einfach nur mit mehr Spaß und Neugier durchs Leben gehen. Seien Sie sich Ihrer Ziele bewusst und erlauben Sie sich, den spontanen Weg einzuschlagen, aber zwingen Sie sich nicht dazu. Es geht nicht um die Frage »Bauch- oder Kopfentscheidung?«, sondern darum, welche Methode gerade besser geeignet ist, um ans Ziel zu gelangen. Navituition beinhaltet Bauch- und Kopfentscheidung. Seien Sie unkonventionell, überraschen Sie sich selbst und haben Sie Spaß dabei. Es funktioniert. Wir wissen, wovon wir sprechen.

Vielen Dank für Ihre Ausreden. Benutzen Sie sie ruhig mit einem wissenden Lächeln weiter, denn ab sofort sind Sie sich darüber im Klaren, was tatsächlich hinter den Ausreden steht.

Ach ja, nur für den Fall, dass Sie wissen wollen, was passiert, wenn man sich nur auf sein Navigationssystem verlässt und die Intuition ausschaltet. Hier zwei Beispiele:

Südkoreanische Touristen vertrauten ihrem Navigationssystem blindlings, als sie die Ostküste von Australien erkunden wollten. Nichts konnte sie stoppen – bis ihnen ein Sumpf in die Quere kam. Da verließen die Insassen schließlich doch ihren Wagen und schlugen sich zu Fuß durch ein Waldgebiet, bis sie von Waldarbeitern entdeckt und zurück in die Zivilisation geführt wurden. Die südkoreanischen Touristen, die kein Englisch sprachen, waren im Mietwagen von Brisbane nach Rockhampton an der Ostküste unterwegs, also rund 600 Kilometer. Das Navigationsgerät führte sie von der Autobahn zunächst auf unbefestigte Straßen und dann auf Waldwege. Sie ignorierten sämtliche Warnschilder, mussten mehrere Gatter öffnen und Felsbrocken aus dem Weg räumen und fuhren unbeirrt weiter, bis ihr Wagen im Cordalba-Wald bei Childers stecken blieb. Polizeichef Geoff Fay riet daraufhin Autofahrern, den gesunden Menschenverstand nicht auszuschalten, wenn sie mit Navigationsgerät unterwegs seien.

Ähnlich erging es einem 69-jährigen deutschen Rentner, der mit seinem Mercedes C-Klasse in einer Gasse im österreichischen Villach stecken blieb. Als er weder vor- noch zurückfahren konnte, verletzte sich der Senior auch noch. Weil es so eng war in der Gasse, wollte der Renter seine Seitenspiegel einklappen und klemmte sich dabei einen Finger zwischen Auto und Hausmauer ein. Villachs Feuerwehr und Polizei halfen ihm, sein Auto über den einzigen verbleibenden Weg – die Heckklappe des Wagens – zu verlassen. Der Rentner kommentierte sein Dilemma anschließend wie folgt: »*Ich sah schon, dass es immer enger wurde, aber ich dachte mir halt, wenn das Navi das sagt, dann wird es schon passen.*«

Die Hoffnung stirbt zuletzt

Kurze Bestandsaufnahme: Das Leben fordert Ihnen immer wieder Spontaneität ab. Spontaneität ist der Schlüssel, um eingefahrene Wege zu verlassen, die zu innerer Unzufriedenheit führen. In einer Welt, die sich ständig wandelt, kann man es sich nicht leisten, still zu stehen und auf dem zu beharren, was mal funktioniert hat. Erinnern Sie sich an das Bild mit der Wippe. Sie müssen sich bewegen. Verstehen Sie uns nicht falsch, Sie sollen jetzt nicht hektisch jedem Trend hinterherrennen und auch nicht ständig auf Wippen balancieren – obwohl, warum eigentlich nicht? – und Sie sollen auch nicht genauso verrückt wie diese Welt werden. Aber wir würden uns freuen, wenn Sie in dieser verrückten Welt die Ruhe bewahren. Und zwar gerade dann, wenn es sich anfühlt, als wäre Ruhe grade ganz unmöglich. Vertrauen Sie darauf, dass Sie diesen Anforderungen locker gewachsen sind. Wie ein Porsche dafür gebaut ist, mit 280 Sachen auf der Autobahn zu fahren, genauso ist der Mensch dafür ausgerüstet, spontan zu sein, mit all den Ängsten und der Aufregung, die dazugehören.

Spontanes Handeln lässt sich nicht einstudieren. Man kann aber mit unerwarteten Situationen rechnen und deshalb in solchen Momenten etwas sicherer auftreten und handeln. Letztendlich ist es notwendig, eine spontane Grundhaltung zu verinnerlichen und immer wieder zu überprüfen, in welchen Situationen es sich lohnen könnte, spontaner zu sein: Trabe ich auf alten Anti-Spontaneitäts-Wegen dahin und will ich das? Oder möchte ich lieber etwas Neues ausprobieren und mehr Spannung und Action in mein Leben bringen? Vielleicht entscheiden Sie sich bewusst dafür, nach Plan zu handeln, dann aber auch mit dem Risiko, dass der Plan vielleicht nicht aufgeht.

Spontaneität ist kein Hexenwerk. Wir alle tragen die Anlagen dazu in uns und tun es bereits, ohne es immer gleich zu merken. Deshalb geht es darum, diese spontanen Momente wahrzunehmen und unseren Handlungsspielraum langsam zu erweitern. Sehen Sie Ihre Spontaneität als Werkzeug in Ihrem Werkzeugkoffer, das Sie bei Bedarf einsetzen können. Vielleicht müssen Sie nur schauen, wohin Sie dieses Werkzeug gerade verlegt haben – wir helfen Ihnen gerne bei der Suche.

Sportler müssen trainieren, um ihr Leistungsniveau zu halten. Spontane Menschen müssen trainieren, um spontan zu bleiben. Die schlechte Nachricht lautet also: Sie müssen üben, üben und noch mal üben. Nichts kommt automatisch ohne eigenes Zutun. So verhält es sich leider auch mit der Spontaneität. Vielleicht fällt es dem einen oder anderen leichter – sei es, weil er schon trainierter oder besonders talentiert ist. Egal, wer sich schwerer tut, muss mehr trainieren. Wir wissen aber, dass es jedem Menschen möglich ist, sich zu entwickeln und zu verändern. Sollten Sie sich in letzter Zeit zu sehr auf Ihre linke Gehirnhälfte verlassen haben, keine Panik, Sie haben Ihre rechte Gehirnhälfte noch. Legen Sie das Buch zur Seite und klopfen Sie mal an Ihre Schläfen. Hören Sie, wo es hohler klingt?

Haben Sie jetzt wirklich an die Schläfen geklopft? Super! Sie sind auf dem richtigen Weg!

Ich will nicht auf die Bühne!
Soll ich trotzdem weiterlesen?

»Die ganze Welt ist Bühne
Und alle Frau'n und Männer bloße Spieler.
Sie treten auf und gehen wieder ab,
Sein Leben lang spielt einer manche Rollen.«
William Shakespeare, »Wie es euch gefällt«

Ja! Sie sollen weiterlesen, denn Sie stehen jeden Moment auf der Bühne des Lebens, auf der es jeden Tag unzählige Vorstellungen gibt. Neue und alte Geschichten. Geschichten, bei denen wir spontan ausrufen möchten: »Das gibt's doch gar nicht!« Aber doch, das gibt es: Den Stau mitten in der Nacht auf der Autobahn. Die plötzlich entflammte Liebe zu einer Schulfreundin, die man doch eigentlich schon 20 Jahre kennt. Die überraschende betriebsbedingte Kündigung. Der Lottogewinn. Viele schöne und unangenehme Situationen, die unerwartet auftauchen und auf die wir uns nicht vorbereiten können. Wir können uns aber darauf vorbereiten, DASS in unserem Leben Unerwartetes passiert. Oder noch besser, wir können uns daran gewöhnen, dass in unserem Leben Unerwartetes passiert. Ab jetzt sagen wir Ihnen vorher »Bescheid« und geben Ihnen Tipps, wie Sie sich darauf vorbereiten können, unvorbereitet zu sein. Alles klar? Alles klar!

»Dann mach doch mal!«
Spontan ist, wenn man es selbst ausprobiert
Und täglich grüßt das Murmeltier

Wenn wir von Spontaneität sprechen, meinen wir damit immer das, *was jetzt ist*, nicht das, *was sein wird*. Sie können nicht planen. Wer spontan sein will, muss sich zwangsläufig in unerwartete Situationen begeben. Und das machen Sie ab sofort.

Wie das geht, kommt jetzt. Wir starten erst mal einfach und sicher. Neue Verhaltensweisen lernen – und nichts anderes ist Spontaneität –, trainieren Sie anfangs am besten in einem sicheren Rahmen, wo Sie sich mit einer Art Sicherheitsnetz ausprobieren können, die Folgen Ihres Handelns also nicht so schwer wiegen. Egal was passiert, es wird schon nicht so dramatisch sein.

Kennen Sie den Film »Und täglich grüßt das Murmeltier«? In dieser Komödie ist Schauspieler Bill Murray alias Phil Connors, ein mürrischer TV-Wetteransager, in einer Zeitschleife gefangen. Und das ausgerechnet an dem Tag, den er am meisten hasst, weil er vom Murmeltiertag berichten muss, einem Wetterritual, das eine kleine Stadt alljährlich veranstaltet. Dieser eine Tag wiederholt sich immer und immer wieder. Phil hängt in einer Zeitschleife fest. Egal, was passiert, er erwacht jeden Morgen wieder an genau demselben Tag mit denselben Radionachrichten und demselben Wetter. Er beginnt, mit der

Situation zu spielen, da er weiß, was die Ereignisse des Tages bringen werden: Was sein Gegenüber antwortet, welches Auto bei Rot über die Ampel fährt, welche Unfälle passieren. Seine große Liebe und den Ausweg aus der Zeitschleife findet er jedoch erst, als er aufhört zu planen.

Im echten Leben gibt es keine Zeitschleifen. Aber oft fühlen wir uns so, als wären wir in einer Zeitschleife gefangen. Wo haben Sie das Gefühl, dass sich nichts ändert? Wo läuft alles so wie immer? Genau das sind die Situationen, in denen Sie mit dem Training beginnen können. Die langweiligsten Situationen eignen sich hervorragend, um trittsicher die ersten kleinen Schritte in ein spontanes Leben zu wagen. Der nächste Einkauf kann zum Abenteuer werden. Sie betreten den Supermarkt und nehmen nicht den normalen Weg wie immer: Einkaufswagen holen – Obst- und Gemüseabteilung – Kaffeeregal – Milchprodukte – Fleischtheke – Backwaren – Drogerieartikel – Spirituosenabteilung – Saftsammelsurium – Zeitschriftenständer – Kasse – Parkplatz. Beim nächsten Einkauf ergründen Sie den Supermarkt Ihres Vertrauens ganz spontan. Erleben Sie Abenteuer bei Aldi, Lidl, Edeka und Co. Das geht schon beim Parken los. Sie fahren diesmal nicht auf dem Parkplatz minutenlang im Kreis, um hoffentlich in nächster Nähe zum Eingang zu parken, sondern nehmen spontan den ersten Parkplatz, der sich Ihnen anbietet. Einen Einkaufswagen schnappen und rein in den Laden. Sie haben Ihren festen Weg im Kopf? Vergessen Sie ihn. Sie haben Ihren Einkaufszettel, das reicht. Jetzt versuchen Sie, Ihren gewohnten Weg mal rückwärts zu gehen, also andersrum, das heißt, Sie fangen mit dem Ende Ihres Weges an und arbeiten sich langsam zurück zum Anfang. Vielleicht starten Sie auch vom Zeitschriftenstand aus, das ist wahrscheinlich nicht der Weg, um Zeit zu sparen, aber egal, die Zeit nehmen Sie sich heute, Sie wollen ja was erleben. In einem Regal, an dem Sie sonst nie vorbeikommen, gibt es japanische Nahrungsmittel. Exotische Verpackungen und ebenso exotische Namen. Wow, Sie kaufen etwas davon, und abends gibt es mal was anderes als die schnell gekochten Nudeln oder die Tiefkühlpizza. Oder Sie entdecken ein ganzes Regal mit mindestens 15 verschiedenen Toastsorten. Hatten Sie gewusst, dass es so viele gibt? Sie beschließen, die nächsten Wochen jeden Morgen einen anderen Toast zu testen. Oder nehmen Sie bei jedem Besuch im Supermarkt einen anderen Weg. Alle führen zur Kasse, aber jeder verheißt ein anderes Abenteuer. Supermarkt – ich komme!

Vielleicht wird auch Ihre nächste Bahnfahrt zur Expedition. Anstatt durch den ganzen Zug zu laufen, bis Sie einen Platz finden, wo Sie möglichst ungestört sitzen, suchen Sie sich einen Platz neben einem Mitreisenden, der Ihnen interessant erscheint. Oder andersrum, Sie sitzen schon im Zug und sobald am Bahnhof viele Menschen einsteigen, starren Sie nicht mehr mit möglichst unsympathischem Gesicht auf Ihre Zeitung und legen all Ihr verfügbares Gepäck auf den Sitz neben sich. Nein, Sie räumen den Platz frei und lächeln die Einsteigenden interessiert und freundlich an. Dann beginnen Sie ein Gespräch mit dem Menschen, der sich neben Sie setzt.

In welchen Momenten können Sie Ihre ausgelatschten Anti-Spontaneitäts-Wege verlassen? Was kann denn schon passieren, wenn Sie einen anderen Weg durch den Supermarkt einschlagen? Wie schlimm ist es wirklich, wenn Sie 30 Minuten lang neben jemandem im Zug sitzen? Wenn es gut läuft, haben Sie eine neue Bekanntschaft gemacht, und wenn es schlecht läuft, sitzt vielleicht ein verschwitzter Menschen ein Weilchen neben Ihnen. Auf jeden Fall aber haben Sie spontan gehandelt. Trainieren Sie in Situationen, in denen die Folgen Ihres spontanen Handelns kalkulierbar sind. Am Ende des Buches werden Sie kein Sicherheitsnetz mehr brauchen, da Sie sich sicher fühlen.

In der Regel kommen die Erwartungen, in einer bestimmten Situation spontaner zu reagieren, nicht von außen. Unsere eigenen Erwartungen spielen eine viel größere Rolle als unser Umfeld. Wir erwarten von uns selbst, spontaner aufzutreten, und ärgern uns, wenn wir nicht so reagiert haben, wie wir es uns gewünscht hätten. Und genau das ist Ihre nächste Chance. Sie sind Ihr eigener Spontaneitäts-Trainer: Sie dürfen es sich erlauben, auch mal nicht »richtig« zu handeln oder einen »Fehler« zu machen. Das gehört zum Training. Und über kurz oder lang werden Sie auch viel kreativer und spontaner mit Situationen umgehen, die nicht planbar sind oder vom Plan abweichen.

Aller Anfang ist schwer.
Auch nach all den Jahren Improvisationstheater kämpfe ich immer wieder mit meinen eigenen Anti-Spontaneitäts-Wegen und muss hin und wieder an mir arbeiten. Ich wohne in einem kleinen Vorort von Hamburg. Und da ich kein Auto besitze, fahre ich S-Bahn. Auf meinen täglichen Wegen hat sich schon so etwas wie eine Routine eingeschlichen. Ich komme zum Bahnhof, gehe eine Treppe runter und eine andere wieder rauf zu den Gleisen, um in den ersten Wagen des Zuges, der einfährt, einzusteigen. Er hält an der Station, an der ich aussteigen muss, um ins Theater zu kommen, genau vor der richtigen Treppe, die zu meinem Anschlusszug führt.
So weit, so gut. Solche Abläufe kennt jeder von uns. Doch was passiert, wenn wir diese Routine auf einmal durchbrechen müssen? Durchbrechen wollen? Ich habe fünf Tage lang auf einer Messe in Hamburg

moderiert. Und um bei der Anfahrt Zeit zu sparen – ich schlafe gerne lang –, musste ich nicht in den ersten Wagen einsteigen, sondern in den letzten. Ich musste mir also ganz einfach nur merken: Statt erster Wagen ab heute letzter Wagen. Ich dachte, das sei ganz einfach ...

Erster Tag: Ich gehe die eine Treppe nach unten, die andere wieder rauf, steige in den ersten Wagen ein und denke mir, als ich an der Messe angekommen bin: Oh Mann, du wolltest doch in den letzten Wagen einsteigen.

Zweiter Tag: Ich gehe die eine Treppe nach unten, dann die andere nach oben, steige in den ersten Wagen und bemerke, als die S-Bahn losfährt, dass ich doch in den letzten Wagen einsteigen wollte. Immerhin schon ein Fortschritt: Es fällt mir ein, bevor ich an der Messe angekommen bin.

Dritter Tag: Ich gehe die eine Treppe nach unten, nehme die andere nach oben und denke, als ich oben ankomme, dass ich doch hinten einsteigen muss. Ich mache mich auf den Weg zu dem Haltepunkt des letzten Wagens, komme aber nur bis zum vierten Wagen, da mir sonst die S-Bahn davonfahren würde. Ein kleiner Triumph.

Vierter Tag: Ich gehe die eine Treppe nach unten, nehme die andere nach oben und erinnere mich schon auf der Treppe, dass ich hinten einsteigen muss. Ich gehe schneller. Oben angekommen, laufe ich am Bahnsteig sofort zurück und schaffe es gerade noch bis zum letzten Wagen, bevor die S-Bahn losfährt. Ich bin glücklich.

Fünfter Tag: Ich gehe schon zu Hause zügig los. Im Bahnhof nehme ich die eine Treppe nach unten und die andere nach oben. Schnurstracks gehe ich zum Haltepunkt des letzten Wagens. Die S-Bahn fährt ein, und ich steige in den letzten Wagen. Ich bin begeistert.

Sechster Tag: Ich denke nicht. Ich gehe die eine Treppe nach unten, steige die andere nach oben und gehe direkt zum letzten Wagen. Als ich in der S-Bahn sitze, fällt mir auf, dass ich heute frei habe und gar nicht zur Messe muss. Ich juble trotzdem!

»Entschuldigen Sie, könnten Sie mich bitte duzen!«

Ein Workshop mit einer Firma. Einige siezen sich, andere duzen sich. Wir führen zu Beginn unserer Trainings immer das »Arbeits-Du« ein, für den Zeitraum des Workshops duzen wir uns also alle und sprechen uns mit Vornamen an. Am Ende der Veranstaltung wird diese Regel wieder aufgehoben und alle machen wieder weiter wie zuvor. Funktioniert prima und erleichtert das Arbeitsklima immer wieder ungemein.

Bei diesem Workshop aber sollte es anders kommen: Der 65-jährige Geschäftsführer wollte nicht geduzt werden. Kein Problem für uns – alle anderen stimmten zu. Der Workshop begann, es wurde viel gelacht, und zunehmend entwickelte sich eine spontane Atmosphäre. Nach einer Weile kam der Geschäftsführer zu uns und flüsterte: »Bekommen Sie es irgendwie hin, dass man mich auch duzt? Ich bin der Stefan.«

Kommt Ihnen das vielleicht bekannt vor? Zuerst weigert man sich mitzumachen oder lässt sich nicht auf die Regeln ein – und nach einiger Zeit ärgert man sich, nicht von Anfang an dabei gewesen zu sein.

Alle unerwarteten Situationen lassen sich auf folgendes Grundschema reduzieren:

Sie finden sich in einer Situation wieder, die Sie nicht erwartet haben.

- ⇒ Sie müssen diese Situation akzeptieren. Denn sie existiert, ob Sie wollen oder nicht.
- ⇒ Sie müssen spontan reagieren.

→ Sie müssen aus dem Moment heraus handeln, Planung ist nicht möglich.
→ Sie müssen eine Entscheidung treffen, ohne die Folgen oder mögliche Fehler absehen zu können.
→ Sie müssen präsent sein und die Verantwortung für Ihre Entscheidung und Ihr Handeln übernehmen.

Hilfe! Was tun? Wir geben Ihnen drei (3) Regeln mit auf den Weg.

Nur drei? Ja, nur drei! Sie könnten auch mehr Regeln bekommen (oder denken Sie sich selber welche aus). Aber wir sind der Meinung, dass die Drei eine schöne Zahl ist und man sich drei Regeln einfacher merken kann als beispielsweise 7 oder 18 oder 512. Eine Regel wäre ausreichend, aber das sähe dann irgendwie nicht so professionell aus.

TROMMELWIRBEL!
DER HIMMEL VERDUNKELT SICH!
EIN BLITZ ERHELLT DEN HORIZONT!
EIN SCHEINWERFER FÄHRT SUCHEND DEN HIMMEL AB!
NEBEL WABERT ÜBER DEN BODEN!
DA PLÖTZLICH ERSCHEINT IN FLAMMENSCHRIFT AM FIRMAMENT:

EIN RAUNEN GEHT DURCHS PUBLIKUM. STIMMENGEWIRR.
»Das ist alles?«
»Das kann sich ja sogar mein Mann merken.«
»Hat das schon mal jemand den Politikern gesagt?«
DAS STIMMENGEWIRR GEHT ÜBER IN EINEN JUBELCHOR!

So ist das immer, wenn wir unsere Regeln vorstellen. Ehrlich. Ungelogen.

Es ist egal, welche der Regeln Sie zuerst anwenden. Alle hängen miteinander zusammen, voneinander ab und bedingen sich gegenseitig. Sie sind spontan! Das ist das Erste, was Sie wissen müssen – und wollen müssen!

Spontaneität ist wie eine Tür, die Sie immer übersehen haben, an der Sie dauernd vorbeigegangen sind. Wie gelingt es Ihnen, diese Tür zu öffnen? – Nicht nur einen kleinen Spalt, nein, Sie sollen die Tür aufreißen und hindurchgehen.

Stellen Sie sich einen langen Korridor vor. Am Ende ist die Tür, durch die Sie sonst immer gehen. Dahinter wartet Ihre gewohnte Welt mit Ihrem gemütlichen Sofa auf Sie. Links und rechts entlang des Gangs befinden sich weitere Türen. Die haben Sie noch nie bemerkt. Sie hatten ja immer Ihren Plan und wussten, wohin Sie wollen. Wenn Sie ab jetzt offen für den Moment sind, wenn Sie nicht mehr alles vorausplanen, werden Sie das erste Mal vor einer dieser Türen stehen bleiben und sich wundern, wo sie auf einmal herkommt, und sich vor allem aber fragen, wohin sie führt. Gut, Sie haben die Tür entdeckt. Aber sie öffnen? Ich? Warum denn ich? Sagen Sie einfach Ja und öffnen Sie die Tür. Jetzt – ohne zu zögern.

»Ja, aber wenn ich einen Fehler mache, indem ich durch diese Tür gehe? Vor mir ist doch noch niemand da durchgegangen. Warum sollte ausgerechnet ich das jetzt tun?«

Egal. Werfen Sie Ihre Bedenken über den Haufen und gehen Sie durch diese Tür, denn Sie werden erst wissen, ob das ein Fehler ist, wenn Sie auf der anderen Seite sind. Betreten Sie Neuland, entdecken Sie, was hinter der Tür auf Sie wartet. Überraschen Sie sich selbst. Sie werden nach dem Öffnen erst einmal Ihre Komfortzone und Ihre persönliche Sicherheit aufgeben, aber nach und nach immer mehr Sicherheit gewinnen. Aber auf jeden Fall wartet die Spontaneität auf Sie.

Wissen Sie, wie Sie leichter durch die Tür kommen? Stellen Sie sich einfach vor, dass an der Tür ein Zettel hängt, auf dem »Zutritt verboten« steht. Und schon können Sie gar nicht mehr anders, als die Tür zu öffnen.

Aber langsam. Bevor Sie weiterlesen, müssen Sie erst unsere Sicherheitshinweise lesen, akzeptieren und unterschreiben.

Sicherheitshinweise

Liebe Leser, herzlich willkommen auf unserem Flug in die Welt der Spontaneität. Wir möchten Sie an dieser Stelle kurz mit unseren Sicherheitsvorkehrungen vertraut machen.
 Als Erstes tragen Sie nachfolgend bitte Ihren Namen und Ihre Telefonnummer ein:

....
(Name)   (Telefonnummer)

Bitte schnallen Sie sich nicht an, die Gurte sind demontiert, damit Sie in Bewegung kommen. Im Falle eines plötzlichen Komfortverlustes können wir Ihnen leider nicht helfen. Selbst wenn Sie das Buch weglegen, Ihr Gehirn wird auch ohne Auftrag weiterarbeiten. Das Gehirn lässt sich nicht abschalten. Es wird Ihnen keiner Bescheid sagen, wenn es Zeit ist, spontan zu sein. Es gibt keinen Notausgang. Sollten Sie Hilfe benötigen, wenden Sie sich an sich selbst oder rufen Sie die oben aufgeführte Telefonnummer an. Dort wird man Ihnen schnell weiterhelfen können.
 Sie werden sich in unerwartete Situationen begeben und sie gelassen bewältigen, so lange, bis Ihnen das Unerwartete keine Angst mehr macht. Sie werden die Erfahrung machen, dass Sie sich auf sich selbst verlassen können. Auf dem Weg in die Welt der Spontaneität müssen Sie jedoch Ihre persönliche Komfortzone verlassen.

....
(Datum, Unterschrift)

Vom Sofa in die Achterbahn

Mit der Komfortzone meinen wir all das, was hinter der gewohnten Tür auf Sie wartet, alles, was spontan Gedanken wie diese bei Ihnen auslöst: Ach, das mache ich mal so wie immer, oder: Oahh! Hier fühle ich mich wohl, ich leg mich mal hin, mach' die Augen zu und entspanne mich ein wenig.

Machen Sie die Augen zu und stellen Sie sich ein Rentnerpaar vor. Sie sind einer der beiden. Es ist Sommer, das Fenster ist geöffnet, ein Kissen mit einer aufgestickten Katze und eines mit einem aufgemalten Pudel liegen fein säuberlich auf dem Fensterbrett, so dass Sie Ihre Arme gemütlich darauf verschränken können, sogar nach Stunden lehnen Sie bequem am Fenster. Aus sicherer Distanz schauen Sie sich an, was draußen so passiert. Sie sind nicht persönlich ins Geschehen involviert, nur wenn etwas nicht nach Plan läuft, wird der Ordnungsdienst angerufen oder der eine oder andere Passant auch mal ganz mutig direkt vom Fenster aus ermahnt: »Hallo, die Flasche dürfen Sie aber nicht in den Mülleimer werfen, die gehört ins Altglas.« Dann schließen Sie ganz schnell das Fenster und warten, was passiert.

Machen Sie die Augen wieder auf. Das kann auch Ihre Zukunft sein, wenn Sie alles so weiterlaufen lassen wie immer, wenn Sie nicht ins Geschehen eingreifen. Stehen Sie auf, schmeißen sie das Katzenkissen zurück aufs Sofa und das Pudelkissen besser gleich in den Müll. Nehmen Sie in Kauf, es nicht mehr so bequem zu haben, und entsorgen Sie die Flasche selbst im Altglascontainer. Rufen Sie niemanden an, wählen Sie nicht den Publikums-Joker. Gehen Sie direkt über »Los« und bleiben Sie nicht stehen. Gehen Sie übers Ziel und kassieren Sie einen Sack voll Spontaneität.

Spontaneität braucht Bewegung. Klemmen Sie sich Ihr Katzenkissen unter den Arm – ein bisschen Sicherheit muss sein. Tauchen Sie in Ihre eigene Erlebniswelt ein. Es wird aufregend, es wird anstrengend und es bringt Spaß. Gut, Spaß können Sie auch auf dem Rummelplatz haben, aber nicht gratis. Da müssen wir Geld ausgeben, um Herzklopfen zu kriegen. Wir gehen ins Kino oder schauen uns neuerdings sogar 3-D-Filme an, um in neue, fremde Welten einzutauchen. Abenteuerurlaube und Erlebniswochenenden können Sie sogar beim Kaffeehändler und beim Discounter um die Ecke kaufen. Sparen Sie lieber das Geld und buchen Sie stattdessen Ihr eigenes spontanes Leben, das ist mindestens genauso aufregend. Der kleine Thrill, die kontrollierte Angst, wenn die Achterbahn den ersten Looping dreht, all das können Sie auch selbst. Denn schon bei den ersten Schritten in der Welt der Spontaneität werden Sie vielleicht Angst verspüren. Jede Veränderung ist in der Regel mit ein bisschen Angst verbunden. Willkommen in der Achterbahn Ihres Lebens. Sie suchen gerade noch den nicht vorhandenen Sicherheitsbügel, und da geht die Fahrt auch schon los.

Nun werden wir Ihnen einige kleine Übungen vorstellen, mit denen Sie trainieren können. Steigen Sie spontan in die erste Übung ein.

Übung 1: »Wort-Achterbahn«

Sie brauchen dazu:
- sich selbst
- optional einen Partner
- 60 Sekunden Zeit

Und so geht's:
Lesen Sie die nachfolgenden Begriffe durch und wählen Sie einen davon aus:
Achterbahn
Disneyland
Comic
Spiderman
Superheld
Mutter Teresa
Indien
Reis
Thunfisch
Dose
Blech
Trabi
Chemnitz
Media Markt
Rot
Coke

Sagen Sie den ausgewählten Startbegriff laut vor sich hin. Danach suchen Sie spontan nach weiteren Begriffen, die Sie mit dem jeweils vorher genannten verbinden. Zum Beispiel: »Trabi« – zu »Trabi« fällt Ihnen »Auto« ein. Auch diesen Begriff sagen Sie laut. Bei »Auto« denken Sie an »Winterreifen«, bei »Winterreifen« an «Schneesturm« etc. Führen Sie eine Strichliste, während Sie die Worte aussprechen. Wie viele Begriffe kriegen Sie in einer Minute zusammen?

Wiederholen Sie diese Übung täglich eine Woche lang, das dauert nicht länger als eine Minute pro Tag. Wählen Sie jedes Mal einen neuen Oberbegriff aus der Liste. Sie werden merken, wie Sie mit der Zeit immer mehr Begriffe zu einem Startbegriff finden, denn Ihr Assoziationsradius vergrößert sich.

Sie können auch zusammen mit einem Partner in der »Wort-Achterbahn« fahren und abwechselnd zu den Begriffen, die Ihr Gegenüber aussucht, assoziieren. Oder Sie denken sich selbst welche aus. Überraschen Sie sich dabei gegenseitig. Welchen Gedankengängen folgt Ihr Trainingspartner, welche schlagen Sie ein?

Eine Variante für Fortgeschrittene:
Wenn Sie die »Wort-Achterbahn« beherrschen, können Sie einen Schritt weitergehen. Dissoziieren Sie. Das heißt, Sie dürfen ab jetzt nur noch Begriffe nennen, die mit dem zuvor genannten Begriff absolut nichts zu tun haben. Zum Beispiel: Achterbahn – Kanalisation – Erdbeerkuchen ...

Was soll das?
Das Assoziieren – also das bewusste oder unbewusste Verknüpfen von verschiedenen Inhalten (in unserem Fall Begriffe) – ist eine Basistechnik, um die eigene Spontaneität zu trainieren. Wir lernen, aus einem Topf von Ideen zu schöpfen, und auch Themen, die auf den ersten Blick nicht zusammengehören, miteinander in Verbindung zu setzen. Das ist beim Improvisieren ebenso wichtig wie in Situationen, in denen man schlagfertig einen verbalen Angriff parieren möchte. Diese einfache Übung trainiert Ihr Gehirn, sich jenseits der eingefahrenen Denkbahnen zu bewegen. Mit dieser Übung wärmen sich übrigens auch Improvisationsschauspieler vor ihrem Auftritt auf.

Übung 2: Foto-Assoziationen

Sie brauchen dazu:
- sich selbst
- ein Mobiltelefon mit Fotofunktion oder einen Fotoapparat
- Ihr Ja-Buch
- Lust aufs Assoziieren

Und so geht's:
Seitdem die meisten Mobiltelefone eine Fotofunktion haben, halten wir die kuriosesten und merkwürdigsten Botschaften, denen wir auf Schildern, Plakaten, in Zeitschriften oder im Internet begegnen, per Bild fest und tauschen sie untereinander aus. Wann immer Sie an einem solchen Fundstück vorbeikommen und aus dem Bauch heraus denken: Das ist aber merkwürdig, protokollieren Sie es mit einem Foto. Später können Sie das Foto ausdrucken, in Ihr Ja-Buch kleben und Untertitel oder Bildbeschreibungen hinzufügen, die aus dem Foto und Ihrer Assoziation eine neue Bildaussage machen.

Wir schicken uns solche Fotos immer sofort per E-Mail oder MMS, versuchen neue haarsträubende Bildunterschriften zu erfinden und uns damit gegenseitig zu verblüffen. Sie können uns Ihre Bilder auch zusenden unter www.total-spontan.de und wir veröffentlichen sie auf unserer Webseite.

Was soll das?
Sie trainieren mit dieser Übung, mit offenen Augen durch die Welt zu gehen und Ihre Umgebung aus einem völlig anderen Blickwinkel zu betrachten. Sie bekommen einen Blick für Dinge, die nicht zueinandergehören und die Sie verwundern.

Genau das macht Ihnen in unerwarteten Situationen Angst. Es passiert etwas, das nicht zu Ihrem Plan gehört. Sie können Ihr Gehirn spielerisch mit solchen Situationen vertraut machen oder sie sogar aktiv suchen. Einmal ganz abgesehen von dem Spaß, den Sie und Ihr Umfeld dabei haben werden. Wenn Sie also solch ein merkwürdiges Motiv entdecken, machen Sie erst mal ein Foto davon. Später verbinden Sie dann die gegensätzlichen Dinge miteinander, indem Sie eine kurze Bildunterschrift für das Motiv erfinden. Wir jedenfalls freuen uns immer, wenn uns jemand wieder ein ganz besonderes Fundstück zuschickt. Am Ende haben Sie ein schönes Fotobuch, das Sie allein oder mit Freunden anschauen können.

Machen wir gleich einmal einen Testlauf mit einigen unserer Fundstücke: Was fällt Ihnen ganz spontan zu diesen Bildern ein?

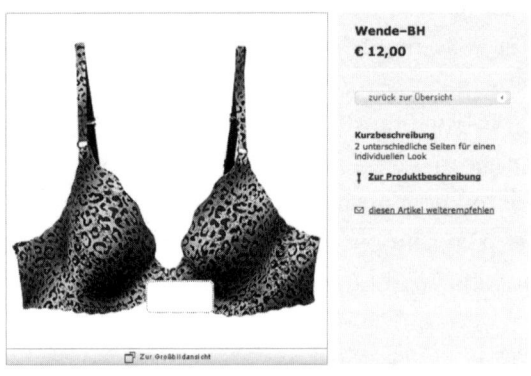

»Endlich, der Wende-BH! Über 20 Jahre nach dem Mauerfall kommt die passende Wäschekollektion auf den Markt. Es werden sogar Ossis und Wessis berücksichtigt, da die Kollektion zwei verschiedene Farben hat.« (Gefunden auf der Webseite von Tchibo)

»Was in Österreich fein ist, verwundert die Norddeutschen.«

»In Österreich scheinen die Geschmacksnerven irgendwie anders zu sein.«

»Ich will nicht wissen, was da neben der Schafmilch noch alles drin ist.«

(Gefunden in einem österreichischen Supermarkt)

»In manchen Bundesländern ist es nicht erlaubt, Werbung für Striptease-Kurse zu machen, daher hat man sich eine neue Bezeichnung dafür ausgedacht. Aber hinter der Tür lernen Sie alles, was Sie wissen müssen.«

»In Österreich gibt es pipifeinen Schafmilchjoghurt, in Deutschland gibt es dafür eine andere Bezeichnung für Striptease.«

(Gefunden in einem deutschen Hotel)

»Gesundheitsprobleme einfach erklärt: ›Herr Doktor, seit ein paar Wochen habe ich immer so ein fieses Gelenkrasseln.‹«

(Gefunden auf einer Webseite, die Spielzeug für Kleinkinder anbietet.)

»Gerade in Norddeutschland ist es wichtig, dass Seefahrer das Gegen-den-Wind-Pinkeln ausreichend trainieren. Die Uni Hamburg hat sich dieses Problems angenommen und einen eigenen Seminarraum dafür geschaffen.«
(Gefunden im Geomatikum der Universität Hamburg)

»Autozug war gestern. Die Post steigt in das Geschäft mit dem PKW- Transport ein. Nach dem ersten erfolgreichen Testlauf werden sicherlich die Einwurfschlitze vergrößert, so dass auch Autos von Premiumherstellern verschickt werden können. Die Briefmarken für ein Auto kosten nicht mehr als ein Standardpäcken in die Schweiz.«
  (Gefunden am Bahnhof Dortmund)

»Das Logo und den Namen für die neue Mega-Boygroup gibt es schon. Die »saal räu men« werden sicherlich der Knaller bei der werberelevanten Zielgruppe der 12- bis 19-jährigen Mädchen.«
  (Gefunden an der Wand eines Vorlesungsraumes der Universität Hamburg)

»Zweifel-Chips – der Snack für alle nachdenklichen Menschen. Für Puristen gibt es sie sogar in der Geschmacksrichtung Nature.«

»Obwohl es die Chips auch in »Nature« gibt, bin ich mir nicht ganz sicher, ob ich sie wirklich kaufen soll.«

(Gefunden in einem Supermarkt in der Schweiz)

»Rollstuhlfahrer bitte links in den Zug einsteigen, kleine und fröhliche Bären bitte rechts. Solange keiner raucht, nehmen wir jeden mit.«

(Gefunden an einem Schweizer Zugwaggon)

Lebst du schon oder planst du noch?

Wenn wir in eine unerwartete Situation geraten, haben die meisten Menschen erst einmal Angst, sich zu blamieren, in der Kürze der Zeit einen Fehler zu machen oder die Situation nicht zu meistern. Wie kann es gelingen, in solchen Momenten trotz dieser Angst gelassen zu bleiben, improvisieren zu können und schlagfertig zu reagieren, kurz, spontan zu sein? Sich der eigenen Angst zu stellen, muss man üben. Nur, wie lässt sich etwas üben, das völlig unerwartet kommt? Von dem man nicht weiß, was es ist und wann es passiert? Ganz einfach: Schaffen Sie sich selbst unerwartete Situationen.

Wir möchten, dass Sie ab jetzt so viele unsichere und unerwartete Situationen herbeiführen, wie es Ihnen möglich ist. Situationen, die Ihnen so viel Angst machen, dass Sie es gerade noch aushalten können. Wenn Sie es schaffen, sich in solchen Momenten wohlzufühlen, werden Ihnen auch komplexere Situationen, in denen Sie spontan reagieren müssen, nach und nach weniger Probleme bereiten. Es ist ganz normal, es gern sicher und bequem haben zu wollen. Aber mal ehrlich, wie viel Sicherheit gibt es denn? Werfen wir mal einen Blick in die Wirtschaft. Ein sicherer Beruf? Vor einigen Jahren hätte eine Ausbildung zum Bankkaufmann unbestritten dazugezählt. Wie sicher ist dieser Beruf heute noch? Die meisten Dienstleistungen sind computerisiert. Beraten wird man in der Regel in Callcentern. Einige der größten Banken haben fusioniert oder werden es in Kürze tun. Von dem Imageverlust durch die Finanzkrisen der letzten Jahre wollen wir erst gar nicht sprechen.

Wie sieht es mit der Sicherheit bei großen, bekannten Organisationen aus? Nehmen wir die NASA, die amerikanische Luft- und Raumfahrtbehörde. Die Missionen der NASA ins Weltall werden besonders abgesichert, die wichtigsten Systeme und Computer sind in doppelter Ausführung vorhanden, so dass das zweite System bei einem Ausfall sofort das erste ersetzen kann. Dennoch sind 1986 und 2003 zwei Space Shuttles durch zwei unterschiedliche Fehler explodiert, und die gesamte siebenköpfige Besatzung kam ums Leben. Diese fatalen Fehler sind durch einen kaputten Dichtungsring und einen kleinen Schaden in der Außenhaut entstanden.

Was denken Sie? Wenn eine der weltgrößten Marken ein neues Produkt einführt, ist doch bestimmt alles gut abgesichert, oder? Die Weltmarke Coca-Cola hat 1985 ihre Hauptmarke »Coke« im Geschmack verändert und mit dem Slogan »The New Taste of Coca-Cola« auf den Markt gebracht. Hintergrund waren die steigenden Marktanteile der Konkurrenz »Pepsi«. In direkten Geschmackstests bevorzugten die Verbraucher immer Pepsi, worauf Coca-Cola mit sehr, sehr viel Geld und nach vielen absolut sicheren Verbrauchertests die »New Coke« entwickelte, um Marktanteile zurückzugewinnen. Es wurde ein Desaster. Niemand wollte diese »New Coke« trinken. Es stellte sich heraus, dass die Tests nie die reale Trinksituation abbildeten. Im echten Leben nimmt man ja nicht – wie bei den Tests – nur kleine Schlucke und lässt die Cola noch wie Rotwein im Mund kreisen, sondern trinkt mit großen, durstlöschenden Schlucken. Schnell kehrte Coca-Cola nach massiven Verbraucherprotesten zu der alten, »Classic Coke« zurück. Seitdem bezeichnet man fehlgeschlagene Produkteinführungen manchmal als »New-Coke-Effekt«.

Nichts ist sicher. In keinem Bereich des Lebens gibt es 100-prozentige Sicherheit, nicht in der Wirtschaft, der Technik, in irgendwelchen Institutionen, nirgends. Auch für Sie gibt es diese Sicherheit nicht. Könnten wir Risiken richtig einschätzen und wären dazu noch gute Statistiker, dann würden wir uns weigern, auch nur einen Schritt vor die Tür zu setzen. Lieber würden wir an einem 11. September mit dem Flugzeug nach New York reisen, da dies auf jeden Fall sicherer ist.

Pseudo-Sicherheitssätze:

- Das Kondom hält.
- Geh zu einer Bank, das ist ein krisenfester Job.
- Nimm die A8, da ist nie Stau.
- Das Kind ist von dir.
- Die Geldanlage in Zertifikaten ist absolut sicher.
- Die Renten sind sicher.
- Ein Mercedes kippt nicht um.
- Wir erhöhen die Mehrwertsteuer nicht.
- Der Fahrradreifen ist unplattbar.
- Dieser Sommer wird warm.
- Nach Fertigstellung der 4. Elbtunnelröhre wird es keinen Stau mehr geben.
- Die Steuern werden gesenkt.
- Das Medikament hat keine Nebenwirkungen.

Ihnen bleibt deshalb nichts anderes übrig, als sich dem Unerwarteten zu stellen und »Ja« zu dem zu sagen, was da kommt. Also noch mal: Wie kann es gelingen, in unerwarteten Situationen gelassen zu bleiben und spontan zu reagieren? Wie können wir dem Unerwarteten souverän begegnen?

Und an dieser Stelle kommen wir wieder zu den drei Regeln. Sie haben sich bewährt: in unserem eigenen Leben, bei unseren Kunden, bei Freunden und Kollegen. Der Einstieg in ein von Spontaneität erfülltes Leben beginnt und gelingt mit den bereits vorgestellten drei Regeln. Es ist wie gesagt egal, ob Sie alle drei Regeln gleichzeitig trainieren oder sich immer nur auf eine Regel konzentrieren. Alle drei hängen voneinander ab. Wenn Sie sich also nur eine merken oder nur eine umsetzen, werden Sie automatisch auch mit den anderen in Berührung kommen.

Manche Menschen weigern sich ja, Regeln einzuhalten. Schönen Gruß an eine meiner Kolleginnen, die immer sagt: »Warum soll ich bei Rot an der Ampel stehen bleiben, wenn keine Autos kommen. Beknackte Regel ...« Sollten Sie ein Problem mit Regeln haben, verwenden Sie stattdessen das Wort »Gewohnheiten«. Ändern Sie doch einfach Ihre Gewohnheiten, das klingt wesentlich harmloser.

Gemeinsam sind wir spontaner

Wir stehen gemeinsam auf der Bühne und haben auch dieses Buch zu zweit geschrieben. Das ist wie beim Sex, die meisten Dinge bringen zu zweit mehr Spaß, darum suchen Sie sich einen Partner oder eine Partnerin, um ... Nein, nicht dafür! Wir meinen das andere. Richtig: Gemeinsam spontaner zu werden.

Was danach kommt, ist Ihre Sache …

Suchen Sie sich jemanden, mit dem Sie die ersten Schritte auf Ihrem Weg in ein spontanes Leben zusammen gehen können. Das sollte ein Mensch sein, der Ihren Entscheidungen vertraut und dessen Entscheidungen auch Sie unbeirrt billigen. Wir haben immer sehr beglückende Momente, wenn wir uns gegenseitig sogar in den verrücktesten Ideen vertrauen und mit Spannung verfolgen, wo die Reise jetzt hingeht. Vertrauen in den anderen bringt uns weiter, eine skeptische Haltung trennt uns. Lassen Sie uns das gleich einmal mit der folgenden Übung ausprobieren.

Übung 3: Zusammen ist man spontaner

Sie brauchen dazu:
– sich selbst
– einen anderen Menschen aus Ihrem engeren Freundeskreis

Und so geht's:
Fragen Sie einen Freund oder eine Freundin, ob er/sie bereit sei, mit Ihnen das Risiko zu teilen, einen Großteil Ihres Lebens spontan zu entscheiden und dabei auf all die Sicherheiten, die es sowieso nicht gibt, zu verzichten. Wenn Sie Ihren Partner unterschreiben lassen, dass er Sie nie rechtlich für das, was dann passiert, belangen wird, dann können Sie das auch Ehe nennen.

Eine Variante für Fortgeschrittene:
Das ist die trickreiche Spielart – ohne Sicherheitsnetz: Nehmen Sie als Partner jemanden, den Sie zwar kennen, aber überhaupt nicht mögen. Manche nennen das auch Ehe.

Was soll das?
Mit einem Sparringspartner lässt sich leichter ein neuer Weg einschlagen. Spontaneität lebt von Teamwork, man befeuert sich oft gegenseitig. Ein Wort ergibt das andere. Eine Idee bringt die nächste hervor. Mit Ihrem Partner können Sie sich über Ihre Erfahrungen austauschen. Zudem haben Sie jemanden an Ihrer Seite, mit dem Sie über Ihre Fehler lachen können. Und sollten Sie sich in eine peinliche Situationen manövrieren, dann sind Sie zumindest nicht allein. Denn wenn Sie loslegen mit Ihrer Spontaneität, werden Sie immer wieder an Grenzen stoßen, wenn Sie mit Menschen zusammenkommen, denen Spontaneität fremd ist. Das kann unter Umständen hinderlich sein, da Ihre Energie gebremst wird, weil die anderen nicht so einfach ihre Anti-Spontaneitäts-Wege verlassen können. Vielleicht fühlen sie sich von ihren gemütlichen »Komfortsofas« hochgeschreckt durch Ihre spontane Energie. Wenn Sie sich einen Partner gesucht haben, der weiß, mit welchem Thema Sie sich gerade beschäftigen, ziehen Sie am gleichen Strang. Und Sie puschen sich gemeinsam zu neuen Spontaneitäts-Höchstleistungen. Wenn Sie schüchtern sind und Ihnen am Anfang das Selbstvertrauen fehlt, unterstützt Sie Ihr Spontaneitäts-Partner dabei, diese Barrieren zu überwinden.

Drei einfache Regeln
Regel Nr. 1: Sag »Ja«.
Nicht immer, aber immer öfter

So, nun stehen Sie also tatsächlich vor der Tür, an der Sie bisher auf dem Weg zu Ihrem Lieblingssofa immer vorbeigegangen sind. Noch zögern Sie. Sollen Sie die Tür jetzt wirklich öffnen und durchgehen? Was wird dahinter auf Sie warten? Ein ebenso gemütliches Sofa? Vielleicht eines, das viel bequemer ist? Oder nur ein Sessel? Vielleicht gar keine Sitzgelegenheit?  Es gibt nur einen Weg, das herauszufinden, und Sie kennen ihn bereits.

Sie möchten spontaner durch die Welt gehen und sich selbst überraschen. Sie wollen unerwartete Situationen meistern, sogar, wenn Ihnen niemand vorher Bescheid gesagt hat. Überraschungen nehmen Sie als Herausforderung, als Chance, etwas Neues zu erleben, nicht als Bedrohung.

Halt, halt, das haben Sie so gar nicht gesagt? Sie denken, das hätten wir Ihnen in den Mund gelegt? Also gut, noch einmal von vorne. Vielleicht wird es so stimmiger: Sie müssen spontaner durch die Welt gehen und sich selbst überraschen. Unerwartete Situationen müssen Sie meistern, sogar, wenn Ihnen niemand vorher Bescheid gesagt hat. Überraschungen müssen Sie als Herausforderungen nehmen, als Chance, etwas Neues zu erleben, nicht als Bedrohung. Sie haben keine andere Wahl.

Die einfachste Möglichkeit wäre natürlich, ein paar Standardsätze aus dem Spontaneitäts-Repertoire auswendig zu lernen. Oder Situationen einzustudieren, um spontaner oder schlagfertiger *zu wirken*. Das hatten wir schon: Ist leider nicht möglich. Spontane Menschen haben im Gegensatz zu allen nicht spontanen ihre Grundhaltung gegenüber allem Unerwarteten geändert. Sie *sind* spontan. Spontane Menschen trainieren sich selbst immer wieder, indem sie »Ja« sagen. Bereichern auch Sie Ihr Leben um diese wertvolle Fähigkeit, die Sie nur wieder aktivieren müssen. Wenn Sie das möchten, dann sagen Sie jetzt laut und deutlich »Ja!«.

Und?

Haben Sie »Ja!« gesagt?

Okay, ist auch ein schwieriges Wort, mehr als ein Buchstabe. Ein Konsonant und ein Vokal. Voll schwierig. Schon klar. Versuchen wir's noch mal:

Jetzt!

Laut!

Wieder nichts?

Sie haben das »Ja« nur gedacht?

Wahrscheinlich haben Sie etwas gedacht, was mit »Ja, aber …« beginnt. Zum Beispiel: »Ja, aber ich will erst mal weiterlesen.« Und sollten Sie »Nein« gedacht haben, dann schlagen Sie das Buch besser zu, nehmen Sie Ihre Katzen- und Pudelkissen zur Hand und schauen aus dem Fenster.

Warum haben Sie nicht laut »Ja« gesagt? Sind Sie sich ein wenig albern vorgekommen? So alleine im Raum und einfach »Ja« sagen? Wo war Ihr Teampartner? Oder haben Sie es nicht gesagt, weil andere Menschen um Sie herumsitzen? Womöglich befinden Sie sich gerade im Bus oder in der S-Bahn? Ganz ehrlich – wären wir an Ihrer Stelle gewesen, wir hätten das früher auch nicht gemacht.

Und noch ehrlicher: Solche Übungen aus einem Buch macht doch sowieso keiner. Die denkt man doch nur durch. Wir gehen mit Ihnen sogar noch einen Schritt weiter und geben Ihnen die Aufgabe, die Übungen in einem Buch zu dokumentieren. Erinnern Sie sich an Ihr Ja-Buch. Jetzt wäre noch eine Gelegenheit, eines zu besorgen, falls Sie immer noch keins haben. Eine Übung dazu hatten wir schon. Jetzt wollen wir Sie dazu kriegen mitzumachen. Auch wenn Sie sonst nie bei so was mitmachen ...

Wir geben trotzdem noch nicht auf. Probieren Sie es doch wenigstens mal aus. Heimlich. Testen Sie, welche Kraft und Entschiedenheit hinter einem einfachen »Ja« stehen. Sagen Sie »Ja« und spüren Sie dabei diesem Gefühl nach. Welche Kraft dieses eine Wort doch hat, welche Verbindlichkeit dahintersteckt, welche Handlungen es auslöst. Denn Spontaneität hat auf jeden Fall auch damit zu tun, dass wir handeln. Und der erste Schritt dahin ist ein »Ja«.

Sollten Sie zu den Menschen gehören, die »Ja, aber« gesagt oder gedacht haben, sind Sie in guter Gesellschaft. Wir alle leben in einer »Ja, aber«-Welt. Nur leider stellen wir uns damit ganz nah zu den »Nein«-Sagern, und das sind diejenigen, die dem Unerwarteten weiterhin aus dem Weg gehen wollen. Wenn Sie das Unerwartete dann doch erwischt, kriegen Sie das Kaninchen-Feeling. Sie starren in die Scheinwerfer des Autos und: Whoooom! Bang! Splatter! Licht aus! Und wir meinen nicht die Scheinwerfer!

Sollten Sie sich entschließen mitzumachen, werden Sie im Verlauf der Lektüre mindestens einmal am Tag in einer Situation »Ja« sagen, in der Sie lieber »Nein« sagen wollten. Das bedeutet auch, dass Sie sich einmal am Tag in einer Situation wiederfinden, die so nicht vorhersehbar war und voller unerwarteter Abenteuer steckt. Denn egal, was passiert: Keiner wird Ihnen vorher Bescheid sagen.

Würden wir auf der Bühne nicht »Ja« sagen, gäbe es keine Vorführung und auch keine Vorträge. Wir vertrauen darauf, dass die Ideen und Vorschläge unseres Partners genauso gut sind wie unsere eigenen. Wir sagen »Ja« zu dem, was kommt.

Eines Tages bekamen wir einen Anruf von einem Teamleiter eines großen Haarkosmetik-Unternehmens, das Friseure mit speziellen Shampoos beliefert. Sein Team betreute die Salons und verkaufte dort auch die hauseigenen Produkte. Im vergangenen Jahr hatte der Umsatz einer bestimmten Mitarbeiterin sich so deutlich gesteigert, dass er stutzig geworden war. Er bat sie zu einem Gespräch, bei dem sich herausstellte, dass sie in ihrer Freizeit einen Improtheater-Kurs besucht hatte. Die drei Spontaneitäts-Regeln hatten sie so sehr begeistert, dass sie diese sogar im Berufsalltag anwendete. Sie sagte »Ja« zu ihren Kunden und »Ja« zu ihrer Tätigkeit. Die Salon-Inhaber schätzten sie für ihre Aufmerksamkeit und Verlässlichkeit. Mit dem Anruf engagierte uns der Teamleiter für ein dreitägiges Seminar.

»Ja« zu sagen« bedeutet, eine Situation anzunehmen und die eigenen Ideen wie auch die der anderen anzunehmen. Und genau darum geht es, wenn wir spontan sind: Wir nehmen eine Situation an, wie sie in dem Moment gerade ist. Nur so sind wir in der Lage, etwas aktiv zu gestalten, weiterzuführen und zu verändern. Lassen Sie sich darauf ein, in unerwarteten Momenten etwas zu verändern und voranzutreiben, ohne vorher genau zu wissen, wohin die Reise führt.

Ein Name wie ein »Nein«!
Versuchen Sie mal bitte, Ihren Namen so zu sagen, als würden Sie zu jemandem ganz entschieden »Nein« sagen. Legen Sie all Ihre Energie hinein, die ausdrücken soll: »Bleiben Sie mir bloß vom Leib! Ich will meine Ruhe haben!«
Allein mit der Betonung Ihres Namens können Sie also schon ein »Ja«- oder ein »Nein«-Signal senden. Achten Sie mal auf sich und andere: Welche Signale senden Sie aus, ohne überhaupt die Wörtchen »Ja« oder »Nein« benutzt zu haben?
Wie melden Sie sich am Telefon? Mit einem netten Hallo? Oder blaffen Sie Ihren Namen kurz und knapp in die Leitung und meinen eigentlich »Nein, niemand da!«? Die Menschen, die uns am Telefon auf diese Weise ihren Namen entgegenschmettern, sind für uns »Nein«-Sager, die eigentlich gar nicht mit uns telefonieren wollen.

Nur ein ernst gemeintes »Ja« ist auch echtes »Ja«. Klingt selbstverständlich? Dann schauen wir uns das doch mal genauer an: Viele Menschen versuchen alles Mögliche, um sich vor diesem »Ja« zu drücken. Es fällt ihnen so schwer, »Ja« zu sagen, dass sie sich immer wieder in Mutationen von »Ja« flüchten. Die beiden bekanntesten »Ja«-Zombies sind:

»Ja, aber ...« und »Ja, oder ...«

»Ja, aber ...« ist der Klassiker und nichts anderes als ein versticktes »Nein«. Probieren Sie es mal aus. Was denken Sie, wenn jemand zu Ihnen »Ja, aber ...« sagt bzw. was meinen Sie tatsächlich, wenn Sie jemandem mit »Ja, aber ...« antworten?

Sie gehen spazieren, es ist ein herrlicher Frühsommertag. 20 Grad, die Sonne scheint. Bei Ihrem Spaziergang kommen Sie durch einen Kleingartenverein. In einem der Gärten sehen Sie eine alte Dame und ein siebenjähriges Mädchen. Offensichtlich eine Oma mit ihrer Enkelin. Für die Oma ist der Garten ihr Ein und Alles, und das kleine Mädchen freut sich, bei der Gartenarbeit helfen zu dürfen. Sie gehen näher ran und schnappen ein paar Gesprächsfetzen auf.

Enkelin: »Oma, guck mal. Hier direkt neben den Johannisbeeren pflanze ich jetzt die Tulpen ein!«

Oma: »Ja, aber ...«

Wir schreiben das Jahr 1992. Sie holen gerade Ihre neue EC-Karte in Ihrer Bank ab. Leider müssen Sie am Schalter warten. Ganz in der Nähe findet an einem Schreibtisch offensichtlich ein Beratungsgespräch statt. Ein junger Mann – ein Student – versucht mit strahlenden Augen einen Bankangestellten zu überzeugen.

Student: »Wir haben eine großartige Erfindung gemacht. Zur Vermarktung benötigen wir den Kredit. Wir können Musik so komprimieren, dass Sie Ihre gesamte Musiksammlung auf kleinen tragbaren

	Festplatten immer bei sich haben können. Wir wollen die Erfindung MP3-Player nennen.«
Bankmitarbeiter	»Ja, aber …«

Es ist der schönste Tag in Ihrem Leben. Ihr Hochzeitstag. Sie haben ein traumhaftes Kleid an, sehen aus wie eine Prinzessin. Das haben Sie sich gewünscht, seit Sie ein kleines Mädchen waren. Ihre gesamte Verwandtschaft und all Ihre Freunde sind dabei. Ihr Vater führt Sie zum Traualtar. Ihr zukünftiger Mann steht neben Ihnen. Sie haben Herzklopfen.

Pastor:	»Möchten Sie die hier anwesende Wiebke Katharina Glossner zu Ihrer Frau nehmen?«
Ihr Zukünftiger:	»Ja, aber …«

Was meinen Sie, wird das eine glückliche Ehe? Der MP3-Player ist vom technischen Prinzip her zwar in Deutschland erfunden, aber nicht vermarktet worden. Da hat doch jemand »Ja, aber …« gesagt! Und wird die Enkelin zukünftig wieder mit ihrer Oma im Garten arbeiten wollen?

»Ja, aber …« ist immer der Versuch, charmant »Nein« zu sagen. Das gleiche gilt für »Ja, oder …« Klingt irgendwie netter, aber bedeutet genauso »Nein«.

Es gibt noch weitere Varianten von »Nein« (*mit leichtem Zweifel in der Stimme zu sprechen*):

➔ »Hmm …«
➔ »Klar, wenn …«
➔ »Na ja …«
➔ »Kann ich mir vielleicht vorstellen.«

- »Wenn du meinst.«
- »Muss ja.«
- »Meinetwegen.«

Hinter all diesen Formulierungen verbirgt sich ein Mensch, der zu feige ist, »Nein« zu sagen, oder sich nicht traut, sich auf etwas Neues einzulassen. Nichts fühlt sich so verbindlich an wie ein klar ausgesprochenes »Ja« oder eben ein klares »Nein«. Uns geht es beim Thema Spontaneität aber um Ihr entschlossenes »Ja«. Bei einem »Ja« gibt es keinen Weg mehr zurück, vor allem, wenn es mehrere Menschen gehört haben. Deswegen drücken wir uns auch so gerne davor. Wenn Sie laut und deutlich »Ja« sagen, dann nehmen Sie sich selber in die Pflicht für Ihre Entscheidung und müssen handeln. Die Verantwortung für Ihre Entscheidung liegt bei Ihnen. Mit so einem »Ja« begeben Sie sich in Situationen, aus denen es kein Zurück mehr gibt. Keine Ausreden, keine Ausflüchte.

»Ja! Ja!« ist keine Alternative

Nicht vergessen wollen wir die Variante »Ja, ja!«, die meistens nichts anderes bedeutet als »Du kannst mich mal!«, »Leck mich am Arsch!«, »Ist mir doch egal!« oder »Lass mich jetzt in Ruhe!«.

In manchen Situationen lässt sich das klare, unmissverständliche »Ja« auch noch mit einer körperlichen Geste unterstützen, um die eigene Entscheidung zu bekräftigen. Hamburger Kaufleute tun dies, indem sie sich bei Vertragsabschluss die Hand reichen. Mafiosi umarmen sich und frisch Getraute küssen sich, sie haben sich im wahrsten Sinne des Wortes getraut, ein bedingungsloses »Ja« auszusprechen – falls nicht einer von beiden vor dem Altar »Ja, aber ...« gesagt hat.

Übung 4: Der Nein-Kollege

Sie brauchen dazu:
- sich selbst
- einen Kollegen
- eine Tür

Und so geht's:
Stellen Sie sich folgende Situation vor: Sie sitzen im Büro an Ihrem Schreibtisch. Die Tür geht auf, Ihr Kollege kommt rein. Und ohne dass er etwas gesagt hat, denken Sie schon **Nein.** Einfach so: **Nein!**

Das ist Ihr **Nein-Kollege.** Selbst wenn er mit einer Idee kommt, die Ihnen eigentlich gefällt, antworten Sie immer mit »Nein«.

»Soll ich dir einen Kaffee mitbringen?« – »Nein.«
»Hast du noch Schmierpapier für mich?« – »Nein.«
»Soll ich dir Arbeit abnehmen? – »Nein.«

Identifizieren Sie, wer Ihr Nein-Kollege ist. Das muss nicht unbedingt ein echter Kollege im Büro sein. Es ist vielleicht ein Bekannter oder ein Freund, bei dem Sie schon »Nein« denken, sobald er in Ihr Bewusstsein tritt.

Versuchen Sie doch bei der nächsten Gelegenheit, einfach mal »Ja« zu antworten, wenn dieser Nein-Kollege etwas fragt. Wir garantieren Ihnen, der Kollege wird einen Mordsschreck bekommen, und wenn es gut läuft, bekommen Sie sogar noch einen Kaffee spendiert.

Was soll das?
Oft machen wir uns das Leben schwer, weil wir Angst haben, unseren Status zu verlieren. Wenn der Nein-Kollege das gut findet, dann darf ich das nicht gut finden. Und schon machen wir uns unglaublich viele Probleme, da wir rechtfertigen müssen, warum wir etwas nicht möchten, was wir eigentlich möchten. Wir stehen uns in solchen Momenten selber im Weg und verhindern selbst, spontan zu sein. Das liegt daran, dass wir in unserem eigenen Schubladendenken gefangen sind. Der Kollege hat uns sicherlich einmal einen guten Grund gegeben, zukünftig lieber »Nein« zu seinen Ideen zu sagen, und an dieser Erfahrung halten wir fest, komme, was wolle. Wir trauen uns nicht, unseren Blick auf diesen Kollegen zu überprüfen, und fühlen uns stattdessen wohl dabei, lieber nur »Nein« zu ihm zu sagen. Diese Gewohnheit wollen wir nicht verändern. Es kann aber auch einfach sein, dass uns dieser Mensch unsympathisch ist – ganz normal. Doch im Leben man muss nun mal auch mit solchen Menschen auskommen, und das gelingt besser, wenn man sich an der einen oder anderen Stelle ein kleines »Ja« zutraut.

Mal ehrlich: Haben Sie das alles, was bisher zur Sprache kam, bereits umgesetzt oder nur gelesen? Haben Sie irgendeine der Übungen ausprobiert oder nicht? – Wenn Sie mitspielen wollen, müssen Sie »Ja« sagen. Das nur noch einmal fürs Protokoll.

Sie wollen spontan sein, ohne dass Ihnen jemand vorher Bescheid sagt. Gut. Dann trainieren Sie gefälligst ungeplante Situationen. Wir garantieren Ihnen, dass ein ernst gemeintes »Ja« Sie in genau solche Situationen führen wird. Erst wenn Sie diese Situationen akzeptieren, lassen Sie zu, dass überhaupt etwas passiert. Sie werden überrascht sein, wie oft man sich sogar in harmlosen Situationen dem »Ja« verweigert.

Ein kurzer Test. Was antworten Sie?

→ *Normalerweise essen Sie in Ihrer Mittagspause immer nur eine Kleinigkeit am Schreibtisch, um die eingesparte Zeit zu nutzen, eher nach Hause zu gehen. Da fragen Ihre Kollegen Sie: »Kommst du heute mal mit zum Chinesen? Wir wollen eine ausgedehnte Mittagspause machen und ein bisschen quatschen.«*

→ *Ihre beste Freundin ist berufsbedingt weggezogen. Nun ist sie seit Langem mal wieder zu Besuch in der Stadt. Sie freuen sich schon auf eine ausgedehnte Shoppingtour und wollen ihr all die neuen Geschäfte zeigen. Das verspricht, ein hervorragender Nachmittag zu werden. Ihr Telefon klingelt, die Freundin ist dran: »Ich habe eine super Idee. Wir gehen heute Nachmittag ins Museum und schauen und gemeinsam die neue Pop-Art-Austellung an? Okay?«*

→ *Endlich ist es wieder so weit, Sie treffen sich mit Ihren alten Schulfreunden und wollen zeigen, wie weit Sie es gebracht haben. Sie freuen sich schon auf die Gesichter der anderen, wenn Sie mit Ihrem neuen Dienstwagen, einem teuren Mercedes Cabriolet vorfahren. Doch Sie bekommen einen Anruf von einem der Freunde: »Wir haben beschlossen, gemeinsam eine Radtour zu machen und anschließend Minigolf zu spielen. Kommst du mit?«*

→ *Sonntagabend, 20.10 Uhr. Gleich beginnt der Tatort, und Ihre Frau fragt Sie: »Bringst du die Kinder heute ins Bett?«*

→ *Ihre Freundin fragt: »Massierst du mir die Füße?«*

Haben Sie alle Fragen mit »Ja, sehr gerne« beantwortet, dann haben Sie alles richtig gemacht. Fünf Situationen, in denen Sie den Verlauf anders geplant hatten. Durch Ihre Antwort »Ja, sehr gerne« ist Raum für Unerwartetes entstanden.

In der Mittagspause mit den Kollegen beim Chinesen erfahren Sie, dass noch jemand für ein spannendes Projekt in der Firma gesucht wird – und Sie könnten genau der oder die Richtige dafür sein. Sie haben sich auf den Museumsbesuch mit Ihrer Freundin eingelassen und wussten gar nicht, dass es in dem Museum auch einen Design-Shop gibt. Sie haben einzigartige Regale für Ihre Wohnung gefunden. Lange haben Sie nicht mehr so viel gelacht wie beim Minigolfspielen mit den Schulfreunden. Ihre Kinder machen Ihnen beim Ins-Bett-Gehen eine Liebeserklärung. »Du bist der tollste Papa auf der Welt.« Und aus der Fußmassage wird der romantischste Abend, den Sie seit Langem gemeinsam hatten.

Mit alledem haben Sie nicht gerechnet. Aus den scheinbar banalsten Situationen kann etwas entstehen, das vorher nicht absehbar war. Bereits Ihr Alltag bietet unzählige Möglichkeiten, das Unerwartete zu trainieren und die Gehirnteile, die für Spontaneität zuständig sind, aufzuwecken und ins Fitness-Studio zu schicken.

Wäre es nicht wunderbar, wenn wir diese Situationen nicht nur akzeptieren und zulassen, sondern sie auch ein Stück weit kontrollieren und gestalten könnten? Denn das wollen Sie ja: Das Unerwartete unter Kontrolle bekommen. Das geht, indem Sie dem Wörtchen »Ja« noch etwas hinzufügen. Werden Sie zum Designer des Unerwarteten. Das klappt, wenn Sie sich voller Elan in das Unerwartete werfen statt davonzulaufen. Es kommt Ihnen nämlich hinterher und wird immer schneller sein als Sie.

Um etwas zu erschaffen und neue Erlebnisse nicht nur zuzulassen, sondern dabei auch noch etwas zu entdecken, muss man »Ja, und …« sagen. So fügen Sie immer noch etwas Eigenes hinzu. Wenn wir auf der Bühne eine Geschichte erzählen wollen, dann hilft uns das einfache »Ja« nicht weiter. Denn damit passiert noch nichts. Wenn Sie auf der Bühne Ihres Lebens eine Geschichte erzählen wollen – also Ihr Leben leben – geht es mit einem »Ja« auch noch nicht weiter. Sie sind dem Unerwarteten gar nicht so hilflos ausgeliefert, wie Sie vielleicht denken. Mit einem »Ja« akzeptieren Sie unerwartete Situationen. Mit einem »Ja, und …« beginnen Sie, das Unerwartete zu gestalten.

Ein Esstisch in einer schön eingerichteten Wohnung. Ein Paar, Annika und Markus, beide etwa 35 Jahre alt, sitzt nach dem Essen bei einem Glas Rotwein zusammen. Sie kennen sich seit zehn Jahren. Der nächste Sommerurlaub wird geplant:

Variante 1

Markus: »Wie sieht es denn dieses Jahr mit unserem Sommerurlaub aus? Wozu hättest du denn Lust? Ich denke, wir fahren wieder nach Mallorca.«

Annika: »Ich habe neulich in so einer Wohnzeitschrift einen tollen Artikel über Ferienhäuser in Schweden gelesen. Darauf hätte ich mal richtig Lust. Lass uns dieses Jahr doch nach Schweden fahren. Ich miete uns dort ein kleines Haus am Meer.«

Markus: »Ja, aber in Mallorca hat es uns doch die letzten Jahre so gut gefallen.«

Annika: »Ja, aber in Mallorca war es immer so heiß, du mit deiner empfindlichen Haut verträgst das doch nicht so gut.«
Markus: »Ja, aber weißt du, wie viele Mücken es in Schweden gibt? Und die Haut kann ich mit Sonnencreme immer ganz gut schützen. Wir fahren nach Mallorca. Ich habe letztes Jahr schon zugesagt.«

Kommt Ihnen das bekannt vor? Eine Idee kommt ins Spiel und wird gleich beiseitegeschoben mit einem schnellen »Ja, aber«. Vermutlich werden die beiden wieder nach Mallorca fahren oder jeder alleine Urlaub machen – für immer. Sie in Schweden und er auf Mallorca. Alles entstanden aus der Angst vor Veränderung. Es soll lieber alles so bleiben wie immer, genau so wie die Unzufriedenheit zwischen den beiden. Dabei könnte das Ganze auch anders laufen:

Variante 2

Markus: »Wie sieht es denn dieses Jahr mit unserem Sommerurlaub aus? Wozu hättest du denn Lust? Ich denke, wir fahren wieder nach Mallorca.«
Annika: »Ich habe neulich in so einer Wohnzeitschrift einen tollen Artikel über Ferienhäuser in Schweden gelesen. Darauf hätte ich mal richtig Lust. Lass uns dieses Jahr doch nach Schweden fahren. Ich miete uns dort ein kleines Haus am Meer.«
Markus: »Ja, und ich habe neulich so ein Plakat für einen Dia-Vortrag über Schweden gesehen. Weißt du, so eine Multimedia-Show.«
Annika: »Ja, und ich geh morgen mal in die Buchhandlung und hol ein paar Reiseführer. Sag mal, war Gabi nicht auch letztes Jahr in Schweden?«

Markus: »Ja, und ich frage mal Jörg und Maria, vielleicht kommen sie auch mit zum Vortrag.«
Annika: »Ja, und danach essen wir bei uns Köttbullar. Ich habe bei IKEA einen ganzen Beutel gekauft.«

Ihre Aufgabe: Kreisen Sie jedes »Ja, und« mit einem Stift farbig ein. Welcher Dialog fühlt sich besser an? In welcher dieser beiden Szenen würden Sie lieber mitspielen? Das »Ja, und« eröffnet neue Wege. Wenn Markus wirklich »Ja« sagt zu der Idee, erweitern die beiden den Rahmen ihrer Möglichkeiten. Sie fahren nach Schweden, und wir haben die Gelegenheit zu sehen, wie es weitergeht. Film ab für einen kleinen Zeitraffer der Möglichkeiten:

Take 1
Beide fliegen nach Stockholm. Genießen ihren Urlaub in einem wunderschönen Ferienhaus auf dem Land. Angetan von dem Urlaub beschließen sie, aufs Land zu ziehen. Die Suche nach einem geeigneten Objekt wird ein neues gemeinsames Ziel. Er ist Grafiker und bekommt einen Auftrag, eine Werbekampagne für Milch zu gestalten. Die Fotos von Kühen, die er in Schweden gemacht hat, passen perfekt. Er verdient mit dem »Milch-Job« so viel Geld, dass sie sich das Haus auf dem Land leisten können.

> *»Es könnte alles so einfach sein,
> ist es aber nicht ...«*
> Die Fantastischen Vier

Take 2
Der Flug nach Schweden startet mit fünf Stunden Verspätung. Bei der Mietwagenfirma am Flughafen in Stockholm weiß niemand etwas von einer Buchung – und alle Wagen sind vergeben. Endlich beim Ferienhaus angekommen, regnet es die nächsten 14 Tage durchgehend. Trotz 12 Grad Außentemperatur sind im Sommer die Heizungen abgestellt. Nur den Mücken ist die Kälte egal. Markus wird total zerstochen und lernt dabei, dass er allergisch auf die schwedischen Mücken reagiert. Die letzten Tage verbringen die beiden in Stockholm im Krankenhaus, da sein rechtes Handgelenk durch einen Stich unglaublich angeschwollen ist. Für die nächsten Wochen ist er als Grafiker erst mal arbeitsunfähig. Seitdem fahren sie immer nach Mallorca. Aber wenigstens wird Annika nie das Gefühl haben, dass sie in ihrem Leben einen Urlaub in Schweden verpasst hat. Von da an ist sie zufrieden mit jedem Sommerurlaub auf Mallorca.

In jedem Moment, in dem Sie »Ja, und« sagen, entsteht eine neue Geschichte, die Sie selbst mitgestalten. Und Sie werden vorher nie wissen, wohin die Reise geht. Was denken Sie? Wie könnte die Geschichte von Markus und Annika noch verlaufen?

Lola rennt
Kennen Sie den »Schmetterlingseffekt«? Dieser Begriff wurde von dem Meteorologen Edward N. Lorenz geschaffen. Er besagt, dass der Lufthauch, der durch den Flügelschlag eines Schmetterlings in Brasilien entsteht, dazu führen kann, dass in Texas ein Tornado ausbricht. Genauso kann jedes noch so kleine »Ja« Ihr Leben in eine ganz an-

dere, unerwartete Richtung lenken. In dem Film »Lola rennt« entsteht aus der Idee des Schmetterlingseffekts ein preisgekrönter Filmplot. Lola muss für ihren Freund Manni innerhalb von 20 Minuten 100.000 Mark auftreiben, die er einem Dealer schuldet. Wir erleben dreimal, wie Lola versucht, das Geld zu besorgen. Jede der drei Geschichten verändert sich durch ein kleines Detail, so dass das Geschehen einen anderen Verlauf nimmt. In kurzen Standbildern sehen wir außerdem, was alles im Leben der Nebenfiguren passiert, denen Lola begegnet.
In der Realität haben wir diese Möglichkeit leider nicht.

Spielen wir ein bisschen weiter: 10.30 Uhr, Sie machen gerade Frühstückspause und nutzen die Zeit für ein Telefonat. Etwas, das Sie im Internet bestellt haben, ist nicht bei Ihnen angekommen. Anruf bei der Kundenhotline:

Variante 1
Telefonstimme: »Bestellhotline, Firma Schnappke. Mein Name ist Jahnke.«
Kunde: »Guten Tag, mein Name ist Brand. Ich wollte mich mal nach dem Verbleib meiner Bestellung erkundigen. Als Lieferzeit war Montag angegeben, und heute ist ja schon Freitag.«
Telefonstimme: »Ja, aber das Paket müsste schon längst bei Ihnen sein. Sind Sie sicher, dass es nicht da ist?«
Kunde: »Ja, ganz sicher. Sonst würde ich ja nicht anrufen. Es ist leider nicht angekommen.

	Könnten Sie mir da mal helfen und nachsehen …«
Telefonstimme (*unterbricht den Kunden*):	»Ja, aber was denken Sie, was ich da tun kann?«
Kunde:	»Vielleicht könnten Sie mal nachsehen, wann es rausgeschickt worden ist?«
Telefonstimme:	»Ja, aber das ist alles in einem anderen System gespeichert, da habe ich keinen Zugriff drauf. Das machen die Kollegen. Hier sind Sie in der Bestellhotline.«
Kunde:	»Könnten Sie mich dann bitte zu einem Kollegen durchstellen?«
Telefonstimme:	»Ja, aber ich kann Sie nicht durchstellen, weil grade besetzt ist.«
Kunde:	»Gut, dann geben Sie mir die Nummer.«
Telefonstimme:	»Ja, aber ich habe gerade keine Telefonliste hier. Rufen Sie doch später noch mal an.«

Sie finden, das sei übertrieben? Wir finden, dass dies das reale Leben ist. Uns beiden ist so etwas schon mehrmals passiert – und Ihnen vermutlich ebenso. Doch das geht auch anders:

Variante 2

Telefonstimme:	»Bestellhotline, Firma Schnell und Gut. Mein Name ist Huber.«
Kunde:	»Guten Tag, mein Name ist Brand. Ich wollte mich mal nach dem Verbleib meiner Bestellung erkundigen. Als Lieferzeit war Montag angegeben, und heute ist ja schon Freitag.«

Telefonstimme:	»Das ist ja merkwürdig. Ich werde dem mal nachgehen. Kann ich Sie unter der Nummer, die mein Display anzeigt, zurückrufen?«
Kunde:	»Ja, das ist die Nummer.«
Telefonstimme:	»Ja gut, und sicherheitshalber gebe ich Ihnen noch einmal meine direkte Durchwahl: 089/123 456 ...«
Kunde:	»Ihre direkte Durchwahl?«
Telefonstimme:	»Ja, und falls Sie mit einem Kollegen sprechen, ich habe den Vorgang hier bei mir notiert, er stellt Sie dann durch. Passen Sie auf: Ich mache Ihnen die gleiche Lieferung noch mal fertig, wenn das Päckchen doppelt ankommen sollte, rufen Sie mich noch mal an und schicken eines zurück.«

Wow, fühlt sich das gut an, das ist einem von uns tatsächlich schon einmal passiert. Es geht gar nicht darum, dieses »Ja, und« wortwörtlich zu nehmen. Eigentlich reicht schon die innere »Ja-und«-Haltung, um eine Atmosphäre zu schaffen, in der es vorangeht und Kooperation entsteht. Nun raten Sie mal, bei welcher Firma wir neuerdings besonders gerne bestellen?

Die Yes-Company

Wo kaufen Sie gerne ein? In Läden, in denen Sie eine »Ja«-Kultur spüren oder woanders, wo Sie weniger willkommen sind? Einige Firmen haben das »Ja«-Sagen tatsächlich in ihren Leitlinien zum Umgang mit den Kunden festgeschrieben. Aus dem amerikanischen Sprachgebrauch möchten wir den wunderbaren Begriff der »Yes-Company« übernehmen. Was ist damit gemeint? Yes-Companys sind Firmen, in denen die Mitarbeiter »Ja« zum Kunden sagen dürfen, und zwar jenseits von vorgefertigten Gesprächsleitfäden. Dabei sollen sie sich auf ihren gesunden Menschenverstand verlassen. Entscheidungen von Kollegen werden jeweils mitgetragen und akzeptiert, sie müssen sich dafür nicht rechtfertigen.

Aufgrund unserer Arbeit sind wir sehr sensibel für Firmen geworden, die das »Ja«-Sagen schon leben. Vielleicht haben Sie zusammen mit einem Ihrer Kollegen die Möglichkeit, Ihren Arbeitsplatz ein Stück weit in eine Yes-Company zu verwandeln. Oder Sie werden ein Yes-Man, eine Yes-Woman oder eine Yes-Family.

Das Gegenteil sind »No-Companys«. Wir haben mit dem Beispiel der Bestellhotline eine solche Firma skizziert. No-Companys erkennen Sie sofort an Sätzen wie:

»Oh, da bin ich nicht für zuständig.«
»Das kann gar nicht sein.«
»Das sieht unser System gar nicht vor.«
»Rufen Sie morgen noch mal an.«
»Das ist nicht unser Fehler.«

Welche Sätze kommen Ihnen bekannt vor? Welche kennen Sie noch?

Yes-Companys hingegen zeichnen sich durch Zustimmung aus. Als Kunde wird man positiv überrascht.

Die Mitarbeiter eines großen Outdoor-Geschäfts dürfen »Ja« zu den Reklamationswünschen der Kunden sagen. Dort wollte ich bei einer Jacke nach eineinhalb Jahren den kaputten Reisverschluss ersetzen las-

sen. Ich hätte auch dafür gezahlt. Der Verkäufer sah die Jacke, ging zum Regal drückte mir eine neue in die Hand und sagte, das laufe noch auf Garantie. Ich hatte keinen Kassenbon dabei. Für mich als Kunde ein super Erlebnis, auf Nachfrage erzählte mir der Verkäufer, dass er sofort gesehen habe, dass eine solche Jacke in seinem Laden verkauft werde, und er wusste, dass er sie reklamieren darf. Deshalb konnte er meinem Reklamationswunsch sofort mit »Ja« begegnen.

Seit Kurzem fahre ich eine neue Automarke und habe seitdem auch eine neue Werkstatt. Welch ein Genuss. Bei meinem alten Händler musste ich mich immer bei einer Empfangsdame melden, die mir durch eine Betonfrisur und ihr eingefrorenes Lächeln in Erinnerung geblieben ist. Erst nach Nennung meines Namens, Abgabe der Fahrzeugpapiere und Abgleich der Daten in ihrem Rechner hatte ich die Chance, einen Meister auch nur anzuschauen. Das hieß, ich durfte darauf warten, dass jemand zu mir kam. Das hat mal fünf Minuten, aber gern auch mal 25 Minuten gedauert. Erinnert sich noch jemand an Grenzkontrollen an der deutsch-deutschen Grenze? In dieser neuen Werkstatt hatte ich eine Frage und wollte am Telefon erst einmal abklären, wann jemand für mich Zeit hätte. Die Antwort: »Kommen Sie doch einfach vorbei.« Aus meiner bisherigen Erfahrung dachte ich, ich sollte vorbeikommen, um das Problem erst mal zu begutachten, und dann einen Termin machen, um den Schaden zu beheben. Nein, wurde mir am Telefon gesagt, ich solle vorbeikommen und dann hätte er – Herr Lohner – Zeit für mich. Er wäre heute und morgen den ganzen Tag da. Hingefahren und – Herr Lohner hatte Zeit, kam sofort mit ans Auto, begutachtete den Schaden, holte einen Schraubenzieher und reparierte das wackelige Teil. Und all das, ohne Namen und Fahrzeugpapiere zu verlangen. Als ich nach dem Preis fragte, antwortete er, das sei doch Pipifax und er freue sich, wenn ich zur Inspektion zu ihm käme. Herr Lohner durfte »Ja« sagen. Er hat mich sofort als Stammkunden gewonnen.

Für einen Auftritt war ich von unserem Kunden in einem sehr guten Hotel untergebracht worden. Erst um Mitternacht kam ich ins Hotel zurück. Hungrig wollte ich noch etwas zu essen bestellen, doch die Bedienung an der Bar sagte, dass es die kleinen Speisen leider nur bis 23 Uhr gäbe. Ohne meine Reaktion weiter abzuwarten, schlug sie vor: »Aber es wäre doch gelacht, wenn ich hier im Haus nichts mehr zu essen für Sie finde.« Kurze Zeit später kam sie mit geschmierten Salami-Broten zurück, dekoriert mit Kartoffelchips und Tomaten. Perfekt. Eine Mitarbeitern, die »Ja« zum Hunger der Gäste sagen darf.

Was haben diese Geschichten gemeinsam? Die Menschen, von denen hier die Rede ist, sagen erst mal »Ja« und wagen sich damit in eine ungeplante Situation. Sie haben keine Angst vor Fehlern und Misserfolgen, da sie von den Kollegen, der Firma oder einfach nur durch ihr Vertrauen in sich selbst unterstützt werden.

Spielen wir ein bisschen weiter. Diesmal zuhause. Es ist Freitag, 18 Uhr. Er ist gerade von einer dreitägigen Dienstreise zurückgekommen. Sie sitzt im Wohnzimmer und sieht fern. Nach dem Duschen ruft er aus dem Bad.

Variante 1

Mann: »Sag mal, da sind Barthaare im Waschbecken. Hattest du einen anderen Mann hier, während ich auf Dienstreise war?«

Frau: »Ja, aber das war nur mein Cousin Stevie.«

Mann: »Ja, aber deinen Cousin habe ich unterwegs zufällig getroffen.«

Frau: »Oh Gott, wer war dann der Mann, der hier war?«

An dieser Stelle empfehlen wir, ausnahmsweise auf das »Ja, und« zu verzichten, sonst geht es womöglich so aus:

Variante 2

Mann: »Sag mal, da sind Barthaare im Waschbecken. Hattest du einen anderen Mann hier, während ich auf Dienstreise war?«
Frau: »Ja, und wir hatten es sehr nett.«
Mann: »Ja, und wollen wir dann mal zu dritt oder noch besser zu viert? Ich habe auf meiner Dienstreise auch eine nette Schwedin kennen gelernt.«
Frau: »Ja, und dann koche ich für alle was Leckeres …«

Sagen Sie »Ja, und« und Sie gelangen ein Stück näher an Ihre Mitmenschen, Kollegen und Kunden heran. Mit all den unerwarteten – und oft beglückenden – Konsequenzen.

Hätte uns jemand vor zehn Jahren gesagt, dass wir von unserer Theaterarbeit leben können, mit Vorträgen und Shows durch Europa reisen und ein Buch veröffentlichen, wir hätten ihm einen Vogel gezeigt. Dennoch haben wir in jedem Moment »Ja, und« gesagt, eins ergab das andere, und der jeweilige nächste logische Schritt folgte automatisch. Mal sehen, wo wir in zehn Jahren landen.

Erst wenn Sie »Ja, und« sagen, können Sie etwas verändern, das Unerwartete gestalten und vorantreiben. Fangen Sie jetzt sofort an, schalten Sie Ihre Sensoren ein und überprüfen Sie Ihre Bereitschaft, »Ja« zu sagen. Wo sind Sie bereits ein »Ja-Mensch«? Oder blicken Sie zurück: Wann haben Sie in Ihrem Leben schon »Ja, und« gesagt? Und wohin hat Sie diese Entscheidung gebracht? Welche Weichen haben Sie gestellt?

Nehmen Sie sich ein bisschen Zeit und denken Sie darüber nach. Es lohnt sich.

Spontaneität lässt sich nicht einstudieren, man muss sie erleben und als Lebenshaltung verinnerlichen. Das simple Wort »Ja« hilft Ihnen dabei. »Ja, aber ich kann doch jetzt nicht einfach anfangen …«, hören wir Sie jetzt vielleicht sagen. Merken Sie was? Nehmen Sie einen Buntstift und kreisen sie das »Ja, aber« in Ihren Gedanken ein.

> Bono, der Sänger der Band U2, hat einmal über den unvorhersehbaren großen Erfolg seiner Band sinngemäß Folgendes gesagt: »Wenn du den Wahnsinn nicht mehr kontrollieren kannst, dann surfe auf ihm.« Auch eine Form »Ja, und …« zu sagen.

Übung 5: Der innere »Ja-Checker«

Sie brauchen dazu:
- sich selbst
- Fragen, die Ihnen gestellt werden
- einen Tag Zeit
- Ihr Ja-Buch

Und so geht's:
Den Nein-Kollegen haben Sie bereits kennen gelernt und sich mit ihm auseinandergesetzt. Aber seien Sie mal ehrlich, nicht nur bei dieser einen Person sagen Sie »Nein«. In dieser Übung geht es um alle Situationen, von morgens bis abends, egal wo und mit wem, in denen Sie »Nein« sagen. Beobachten Sie

sich einen Tag lang dabei, wie viele Fragen Sie reflexartig erst mal mit »Nein« oder »Ja, aber« beantworten. Versuchen Sie, den ganzen Tag lang immer kurz innezuhalten, bevor Sie eine Frage beantworten. Zählen Sie in Gedanken langsam bis drei und überprüfen Sie sich, ob Sie vielleicht nur aus Sicherheit »Nein« sagen wollten. Wenn dem so sein sollte, antworten Sie mit »Ja« oder besser noch mit »Ja, und ...« Lassen Sie die Veränderungen Revue passieren, indem Sie die positiven Erfahrungen in Ihrem Ja-Buch aufschreiben. Was ist an dem Tag Spontanes passiert? Was haben Sie erlebt?

Variante für Fortgeschrittene:
Halten Sie nicht inne, sondern antworten Sie sofort »Ja, und ...« auf jede Frage, die Ihnen an diesem Tag gestellt wird, egal, um was es geht. Dann müssen Sie allerdings auch dementsprechend handeln.

Was soll das?
Beim Nein-Kollegen haben wir entsprechende Erfahrungen mit einem Menschen gesammelt, die uns dazu veranlassen, »Nein« zu ihm zu sagen. Wir sagen aber auch »Nein« zu Menschen, mit denen wir noch keine solchen Erfahrungen gemacht haben, und vermeiden damit eine gemeinsame neue Erfahrung. Mit einem »Nein« wiegen wir uns in Sicherheit. Ein »Nein« verändert nichts. Alles bleibt so wie immer, und wir brauchen uns nicht auf neue Situationen einzustellen. Ein »Nein« ist ein Showstopper, ein »Nein« blockiert neue Ideen. Die Welt würde sich nicht verändern, würden wir dauernd »Nein« sagen. Sie werden feststellen, dass in vielen Situationen das »Ja« gar nicht so gefährlich wird, wie man denkt.

Bis hierhin war doch alles ganz simpel und einfach. Ganz *simpel? Ganz einfach?* Fangen Sie *einfach* an. Einfach anfangen, so etwas kann auch nur in Ratgebern stehen. Und das »Ja« sagen liest sich ja auch ganz einfach. Eigentlich eine simple Regel, die man sich bloß merken muss. Aber warum fällt es einem dennoch so schwer?

Auch für uns ist nicht immer alles einfach. In manchen Situationen sträubt sich alles dagegen, einfach loszulegen. Da fallen auch uns viele Ausreden einem ein. Zum Beispiel: »Wo kommen wir denn hin, wenn alle nur noch ›Ja‹-Sager wären?« Oder: »Ich kann doch auch erst mal abwarten und dann entscheiden.« Kurz: Allen Menschen fällt es immer wieder mal unglaublich schwer, diese Regel zu befolgen.

Warum ist das so? Wir haben das Bedürfnis, die Kontrolle zu behalten, wir möchten uns selbst vor dem Unerwarteten schützen. Und wir möchten auch keine Fehler machen. Vielleicht ist dieses Verlangen nach Kontrolle tatsächlich ein Überbleibsel aus der Urzeit. Erinnern Sie sich an die Fight-or-Flight-Reaktion? Lieber kämpfen mit »Ja, aber« oder flüchten mit »Ja, oder«, uns schützen mit »Nein«, dann behalten wir die Kontrolle, und alles bleibt, wie es war.

Wir müssen uns nicht unbedingt auf etwas Neues oder Unerwartetes einstellen. Allerdings sind wir dann zugleich gefangen in unseren Anti-Spontaneitäts-Welten, über die unser innerer Zensor wacht. Das ist ein kleiner Mann mit dunklem Anzug und Brille, insgesamt sieht er ein wenig konservativ aus. Er macht es sich gerne mit unserem inneren Schweinehund auf dem Sofa bequem. Wenn der innere Schweinehund es nicht mehr schafft, Sie mit Gedanken wie »*Wenn du jetzt ›Ja‹ sagst, hast du bestimmt viel Arbeit vor dir, mach mal lieber gar nichts*« manipulieren, tritt der Zensor in Aktion: »Gestatten, ich bin Ihr innerer Zensor.« Sein Wunsch nach Kontrolle beherrscht uns stärker als nötig. Er macht es sich vor allem in der linken Gehirnhälfte bequem. Der innere Zensor ist die innere Stimme in uns, die unsere gesellschaftlichen Werte- und Moralvorstellungen vertritt, was zum Teil ja auch ganz vernünftig sein mag. Leider ist der innere Zensor oft etwas zu rigide und bequem geworden, und wenn er nicht weiterweiß, dann zensiert er auch da, wo es gar nicht notwendig wäre. Damit blockiert er uns und versperrt den Weg in ein Leben voller Spontaneität. Er nimmt auch gern getarnte »Nein«-Sätze in den Mund:

- »Das kann man doch nicht machen.«
- »Haben wir alles schon mal ausprobiert.«
- »Damit mache ich mich doch lächerlich.«
- »Das funktioniert nie.«
- »Was sollen denn die Nachbarn denken?«

»Tstststststs«, sagt er kopfschüttelnd und schaut dabei über den Rand seiner Brille, wie Omas das tun, wenn sie ihre Enkelkinder beim Stibitzen von Schokolade erwischen.

Ein spontaner Mensch weist seinen inneren Zensor in seine Schranken. Sobald Sie herausgefunden haben, wie Ihr innerer Zensor tickt, wird Ihnen das »Ja«-Sagen leichter fallen. Sobald Ihr innerer Zensor das merkt, wird er klein beigeben.

Übung 6: Den inneren Zensor in seine Schranken weisen

Sie brauchen dazu:
- sich selbst
- Ihre innere Stimme, sprich, den inneren Zensor
- eine Situation, in der etwas entschieden werden muss
- Ihr Ja-Buch

Und so geht's:
Lernen Sie Ihren inneren Zensor kennen. Er ist die Stimme Ihrer Gedanken, die Ihnen viele Argumente liefert, warum Sie etwas nicht versuchen oder anfangen sollten. Antworten Sie das nächste Mal: »Ja, ja, ich habe deine Bedenken gehört. Aber an dieser Stelle entscheide ich!« Malen Sie ein Bild von Ihrem inneren Zensor in Ihr Ja-Buch und sagen Sie bloß nicht, Sie könnten nicht malen.

Was soll das?
Der innere Zensor ist nicht immer ein Störenfried. In vielen Situationen schützt er uns und lässt uns mit gesundem Menschenverstand handeln. Man sollte ihn deshalb ernst nehmen. Manchmal aber schießt er über sein Ziel hinaus und blockiert uns, etwas Neues auszuprobieren oder zu wagen. Die Vorschläge und Zensur-Sätze des inneren Zensors haben sich über all die Jahre Ihres Lebens entwickelt und verfestigt. Das können übernommene Sätze von Lehrern, Eltern, Vorgesetzten, Partnern sein ebenso wie Sätze, mit denen der innere Zensor Sie mal beschützte, als Sie noch klein waren. Und nun flüstert er Ihnen diese Sätze wieder ein, hat aber gar nicht gemerkt, dass Sie kein kleines Kind mehr sind, sondern ein

erwachsener Mensch, und dass seine Ratschläge alles andere als hilfreich sind.

Indem wir mit dem inneren Zensor in Dialog treten, erkennen wir ihn an und übernehmen gleichzeitig die Kontrolle über die Entscheidung. Dieser Dialog hilft, die Vermischung aus realer Situation und erlernten Zensursätzen klar zu trennen und in einer neuen Situation angemessen zu handeln.

Eigentlich klingt es doch ganz vernünftig, in einer geschützten Zone bleiben zu wollen. Warum sollte man daran etwas ändern? Sicherheit ist wie gesagt nur eine Illusion – es gibt sie nicht oder nur in einem begrenzten Rahmen. Und dann stehen wir da mit der Veränderung, die auf uns einstürmt. Kaninchen-Feeling! Fangen Sie also lieber jetzt an zu trainieren, mit unerwarteten Situationen umzugehen. Lassen Sie sich davon überraschen, was alles Wunderbares passieren wird. Sehen Sie das »Ja« und die damit verbundenen Ereignisse nicht als etwas Bedrohliches, das Sie nicht kontrollieren können, sondern als Chance für Neues.

Wir spielen regelmäßig in kleinen Kulturzentren. Zwei Scheinwerfer, 50 Zuschauer. Back to the Roots. Bei einem solchen Auftritt baten wir die Zuschauer um Anregungen für eine Beziehungsszene zwischen zwei Personen. Normalerweise kommen dann immer Vorschläge wie »Vater – Sohn«, »Schüler – Lehrer« oder »Schornsteinfeger – Zimmermann«. Von diesen Vorgaben lassen wir uns inspirieren und entwickeln eine Szene. Diesmal saßen in der letzten Reihe zwei etwa 16-jährige Jungs, die halblaut, wohl um zu provozieren, »Auf die Fresse hauen!« riefen. Während ein Raunen durch das Publikum ging, huschte über unsere Gesichter ein Strahlen. Innerhalb von Sekunden entstand ein Musical über einen Türsteher, der es satthat, nur »auf die Fresse zu hauen«, und dessen Traumberuf Leuchtturmwärter ist. Am Ende gab es großen Applaus, auch aus der letzten Reihe. »Ja« gesagt im richtigen Moment.

Übung 7: »Ja«, ohne Wenn und Aber

Sie brauchen dazu:
– sich selbst
– einen festgelegten Zeitraum

Und so geht's:
Beantworten Sie in einem festgelegten Zeitraum, der mindestens 60 Minuten dauern sollte (je länger, desto besser), alle Fragen, die Ihnen gestellt werden, mit »Ja, und …«. Sie fügen dem »Ja« also immer noch einen weiteren Vorschlag hinzu.

Beobachten Sie sich dabei: Wie hat sich Ihr Verhalten während dieser Zeit verändert? Was ist passiert? Ist etwas geschehen, das Sie nicht erwartet haben? Hat sich Ihr Kontakt zu anderen Menschen womöglich verbessert?

Variante für Fortgeschrittene:
Vermutlich haben Sie sich für die Übungen eine Situation gesucht, in der es einfach ist, 60 Minuten »Ja, und …« zu sagen. Wenn Sie diese Übung in diesem Rahmen gut beherrschen, können Sie sie erweitern, indem Sie »Ja, und …« auch dann sagen, wenn es auf dem ersten Blick kein Sicherheitsnetz gibt, z.B. immer die ersten 30 Minuten im Büro, bei allen Kundenanrufen zwischen 10 und 11 Uhr …

Was soll das?
Bei dieser Übung geht es darum, Ihre Konzentration ausschließlich auf das »Ja, und …« zu legen und die Konsequenzen dieser Entscheidung zu tragen. An ein »Nein« darf gar nicht mehr gedacht werden. Darüber hinaus üben Sie sich darin, eine Frage oder Idee, die man an Sie heranträgt, weiterzuentwickeln. Vielleicht ist es am Ende leichter, »Ja, und …« zu sagen, als Sie anfangs dachten. Selbstverständlich sollen Sie während der Übung keine Fragen mit »Ja« beantworten, die Sie in Gefahr bringen könnten.

Wackeldackel

Ist es wirklich ratsam, immer und überall »Ja« zu sagen? Alles abzunicken wie ein Wackeldackel auf der Hutablage eines alten Opel Kadett? Zum Opportunisten zu werden, zu einem Menschen, der sein Fähnchen nach dem Wind hängt?

Die Antwort lautet: Natürlich nicht! Es gibt genug Fragen, die Sie nicht mit »Ja« antworten werden und auch nicht sollten. Leiden Sie beispielsweise unter einer Nahrungsmittelallergie gegen Nüsse, werden Sie den Nusskuchen, den man Ihnen anbietet, ablehnen. Es geht ja schließlich um Ihr Leben. Wenn Ihnen jemand etwas verkaufen will, was Sie nicht brauchen, werden Sie bewusst »Nein« sagen. Kurz: Es geht nicht darum, zum bedingungslosen »Ja«-Sager zu werden und wie ein Wackeldackel alles abzunicken. Es geht vielmehr darum, nicht zu allem reflexartig »Nein« zu sagen. Übernehmen Sie Verantwortung für die Entscheidungen, bei denen Sie »Ja« sagen. Ihre Intuition – Ihr Bauchgefühl – wird Ihnen dabei helfen, die richtige Entscheidung zu treffen.

Wenn Sie »Ja« sagen, achten Sie darauf, dass Sie es auch wirklich meinen. Eine Freundin erzählte uns während der Arbeit an diesem Buch, dass sie manchmal spontan »Ja« sage, wenn Freunde sie einlüden, beim Italiener um die Ecke einen Kaffee zu trinken. Dann würde sie jedoch dort sitzen und sich ärgern, weil sie ihrem eigentlichen Plan (aufräumen, einkaufen etc.) nicht nachging und ihr gesamter Zeitplan noch enger und hektischer würde. Sie kam zu dem Schluss, in solchen Situationen »falsch spontan« zu sein. Wir kennen diese Situationen, Sie bestimmt auch. In der Regel sagt man in solchen Momenten »Ja«, weil man das Gefühl hat, nett zu jemandem sein oder jemandem einen Gefallen tun zu müssen. Das »Ja« kommt dann nicht wirklich aus einem inneren Impuls heraus. Wenn Sie mehr auf Ihren Bauch hören (siehe Navituition), werden Sie relativ schnell spüren, an welchen Stellen Sie sich vor einem »Ja« drücken, um keine neuen Wege zu gehen, und wo Sie ein »Nein« scheuen, um sich nicht unbeliebt zu machen. Dabei wissen Sie gar nicht, welche Folgen ein »Nein« tatsächlich nach sich ziehen würde.

Aus einer ganz anderen Perspektive hat sich der großartige Kabarettist Horst Schroth mit »Ja«- und »Nein«-Sagen in seinem Programm »Herrenabend« beschäftigt. Es geht darum, warum Männer in Standardsituationen innerhalb einer Beziehung immer gleich reagieren sollten. Als Mann sollte man immer mit »Ja« antworten, wenn die Frau fragt: »Liebst du mich noch?« Auf keinen Fall entgegnen: »Liebe? Wie meinst du das denn jetzt?« Oder: »Warum fragst du?« Die Antwort lautet immer »Ja«. Wir empfehlen darüber hinaus, in einem solchen Moment nicht mit »Ja, aber ...« zu antworten. Fragt die Frau jedoch: »Findest du mich zu dick?«, muss ein Mann immer ein klares »Nein« verlauten lassen und danach sofort den Raum verlassen. Bei aller Spontaneität rät Horst Schroth dringend, sich an diese Regeln zu halten.

Doch nicht nur im Kabarett, auch im echten Leben gilt: Jedes »Ja« macht Sie präsenter und verantwortlicher für Ihr Wort, das Sie gegeben haben. Mit einem klaren »Ja« sind Sie ein verlässlicher Partner. Überraschend, unerwartet, inspirierend. Ihre Kollegen und Freunde werden das bald merken und im besten Fall sogar ebenfalls spontaner reagieren.

In unerwarteten Situationen fürchten wir am meisten den Kontrollverlust. Nicht zu wissen, was kommt: Wir stehen vor der Tür und wissen nicht, ob uns das Sofa hinter der Tür gefallen wird, geschweige denn, ob es überhaupt ein gemütliches Sofa gibt. An dem Unerwarteten selbst können wir nichts ändern, auch wenn scheinbar alles sicher und dreimal geplant ist, gibt es keine Garantie dafür, dass der Plan auch so durchläuft, wie er aufgesetzt worden ist. Wenn Sie daran schon nichts ändern können, dann ändern Sie Ihr Verhalten in solchen Situationen. Akzeptieren Sie die Situation so, wie sie ist. Lassen Sie sich nicht fremdbestimmen, weder von anderen noch von Ihrem inneren Zensor.

Wie wir alle müssen Sie das üben, üben, üben. Nutzen Sie die Chancen, die Ihnen das »Ja«-Sagen bietet. Mit der Zeit gewöhnen Sie sich daran, dass es Situationen gibt, die sich nicht vorausplanen lassen. Weil Sie das Risiko eingegangen sind und sich in neue ungewohnte Situationen gebracht haben, werden Sie versierter. Also, lassen Sie uns weiterüben.

Übung 8: Das »Nein«-Roulette

Sie brauchen dazu:
- sich selbst
- schlechte Laune
- schlechtes Wetter
- einen nervigen Partner, wahlweise geht auch ein ebensolcher Kollege, Elternteil, Verwandter, Nachbar …

Und so geht's:
Achtung: Wenn Sie diese Übung lesen, dann hat es eine feindliche Übernahme gegeben und irgendjemand will Sie auf die böse Seite der Macht ziehen … Sollten Sie die Nase voll vom »Ja«-Sagen haben, haben wir eine Auswahl an Sätzen zusammengestellt, mit denen Sie ein »Nein« ebenso gekonnt wie versteckt umgehen können.

»Weiss nicht.«
»Bist du dir sicher?«
»Da möchte ich noch mal drüber nachdenken.«
»Was haben die anderen denn gesagt?«
»Ja, oder wir machen es doch ganz anders.«
»Das sieht mein Mann/meine Frau/mein Chef/mein Arzt nicht so gerne.«
»Das klappt sicher nicht.«
»So haben wir das noch nie gemacht.«
»Laut Anleitung darf man das nicht.«
»Das kann man nicht einfach machen.«
»Das habe ich schon mal ausprobiert, das klappt nicht.«
»Da mache ich mich doch lächerlich.«
»Das funktioniert nie.«

»Dafür bin ich nicht zuständig.«
»Ich habe für solche Themen gerade keine Sprechzeit.«
»Meinst du wirklich?«
»Ja, aber noch besser wäre doch ...«
»Solange du die Füße unter meinen Tisch stellst ...«
»Dagegen sind wir nicht versichert.«
»Das erlaubt mein Arzt mir nicht.«
»Das wird nicht so gerne gesehen.«
»Besser nicht.«
»Das ist bestimmt aufwändiger.«
»Wenn das schiefgeht ...«

Was soll das?
Das können wir Ihnen leider nicht sagen. Sie haben die oben stehenden Sätze hoffentlich nicht von sich gegeben und werden es auch nie tun. Wie schon erwähnt, hat es an dieser Stelle eine feindliche Übernahme gegeben. Vermutlich ist dieses Buch gehackt worden oder ein Trojaner hat sich eingeschlichen. Sie dürfen die Sätze auf keinen Fall verwenden, um das Virus nicht weiterzuverbreiten. Sollten Sie es doch getan haben, schalten Sie auf Reset und beginnen Sie die Lektüre des Buches von vorn.

Payback for your life

Ihr Name ist Claire Redfield, Sie sind Mitglied einer Spezialeinheit und leben in Raccoon City. Endzeitstimmung. Sie kämpfen sich mit unterschiedlichen Waffen durch die verschiedenen Gegenden Ihrer Stadt. Sie stehen immer wieder Monstern und Zombies gegenüber, gleichzeitig finden Sie auch Gegenstände auf Ihrem Weg, die Sie mitnehmen können. Sie packen sie ein, auch wenn Ihnen, Claire Redfield, in der augenblicklichen Situation nicht klar ist, wofür all das mal gut sein könnte.

Wir befinden uns in einer virtuellen Welt. Sie sind die Heldin eines Videospiels, und das heißt »Resident Evil«. Sie sind ein Wesen, das aus Nullen und Einsen besteht, und leben in einer Playstation. Als erfahrene Heldin eines Videospiels wissen Sie, dass Sie die Gegenstände, die Sie finden, später – auf einem höheren Level – brauchen werden.

Als Held eines spontanen Lebens machen Sie es bitte genauso. Sammeln Sie Erlebnisse und Erfahrungen, von denen Sie im Moment noch nicht wissen, wofür sie gut sein könnten. Es sind Ihre eigenen Bonuspunkte, die Sie irgendwann einlösen werden.

Steve Jobs, Mitbegründer und Mastermind von Apple Inc., nannte das in einer Rede vor Studenten, die gerade ihren Abschluss gemacht hatten, mal »die Punkte verbinden«. Es ist nicht absehbar, wofür wir unsere gesammelten Erfahrungen später einmal benötigen. Steve Jobs beispielsweise hat an seinem College aus reiner Lust ein Kalligrafie-Seminar belegt. Er wusste zu dem Zeitpunkt noch nicht, ob und wozu er dieses Wissen gebrauchen könnte. Erst Jahre später stellte sich heraus, wie wichtig diese Erfahrung für die Entwicklung des ersten Macintosh-Computers war. Der Apple Macintosh war der erste Computer, der verschiedene Schriftarten am Bildschirm anzeigen konnte und über eine sogenannte grafische Benutzeroberfläche mit »Fenstern«, »Papierkorb« und Menüs verfügte, die sich anklicken ließen. Alles, was heute normal ist, war damals revolutionär.

Das »Verbinden der Punkte« ist immer erst im Rückblick möglich. Wir sammeln also vorausschauend, auch wenn wir den direkten Nutzen noch nicht kennen. Sammeln Sie ab sofort auch jenseits Ihrer Komfortzone Erfahrungen und Bonuspunkte.

Übung 9: Selektive Wahrnehmung

Sie brauchen dazu:
– Sich selbst
– ein beliebiges Thema
– eine Woche Zeit
– Ihr Ja-Buch

Und so geht's:
Wählen Sie ein beliebiges Thema, es muss Sie noch nicht mal sonderlich interessieren: Bäume, Schweden, Bücher, Fotografie, Spontaneität, Architektur, Essen etc.

Schlagen sie in Ihrem Ja-Buch eine neue Seite auf und schreiben Sie das Thema groß auf eine Seite. In der folgenden Woche verbringen Sie ganz normal Ihren Alltag, mit dem einzigen Unterschied, dass Sie einmal am Tag, am besten morgens, in Ihr Ja-Buch schauen, um sich an Ihr Thema zu erinnern. Im Alltag schärfen Sie ab jetzt Ihren Blick für z.B. das Thema Spontaneität.

Sie werden überrascht sein, wo Ihnen Ihr Thema überall entgegenspringt. Welche Werbung möchte Sie verleiten, spontan in den Urlaub zu fliegen? Welche Versicherung möchte Sie vor Unerwartetem schützen? Welcher Politiker verlangt von den Bürgern mehr Spontaneität und Flexibilität? Notieren Sie in Ihrem Ja-Buch Situationen, in denen Sie überrascht waren, Ihrem Thema zu begegnen.

Was soll das?
Oft glauben wir, dass wir alles um uns herum genau wahrnehmen. Um spontan kreative Ideen zu entwickeln, müssen wir mit wachsamem Auge alles, was uns zur Verfügung steht, nutzen. Diese Übung trainiert unsere Wahrnehmung. Wir erleben, dass es in unserer unmittelbaren Umwelt mehr Informationen zu einem Thema gibt, als wir gedacht hätten. Um spontan reagieren zu können, müssen wir schnell auf Informationen zurückgreifen können. Und das können nur Informationen sein, die für Sie *jetzt* verfügbar sind, die Sie also beispielsweise schon im Kopf haben.

Erinnern wir uns noch mal an Annika und Markus, das Paar, das seinen Sommerurlaub plant. Markus hatte ein Plakat zu einem Dia-Vortrag über Schweden gesehen und konnte in dem Gespräch mit Annika auf diesen Eindruck zurückgreifen. Obwohl er vorher nie über Schweden nachgedacht hat, hatte er das Plakat wahrgenommen und konnte seine gesammelten »Bonuspunkte« bei Annika einlösen.

Da wir auf Unerwartetes reagieren wollen, wissen wir vorher nicht, welche Informationen wir gebrauchen können und welche nicht. Also heißt es, Erlebnisse sammeln. Dabei stellt sich noch ein anderes Phänomen ein, das auch als selektive Wahrnehmung bezeichnet wird. Sie kennen das sicher: Sie beschäftigen sich gerade mit einem Thema und auf einmal begegnen Ihnen im Fernsehen, in der Zeitung, in Ihrem Stadtteil thematisch passende Puzzleteile. Kaum ist bei Annika und Markus das Thema Schweden im Kopf verankert, springt es Markus überall ins Auge. Im Supermarkt gibt es schwedische Kekse, seine Jacke hat eine kleine schwedische Flagge aufgenäht, beim Abfahrtslauf im Fernsehen starten überdurchschnittlich viele Schweden, in jedem Reisebüro scheint es neuerdings Angebote für Reisen nach Schweden zu geben. Das neue Besteck ist in Schweden entworfen worden. Und selbst in seiner Pornosammlung findet er acht schwedische Filme.

Uns ging es so, als wir Väter wurden. Kaum schoben wir mit dem Kinderwagen durch den Stadtteil, schien der von Kinderwagen überzuquellen, überall waren über Nacht Kinderbekleidungsgeschäfte aus dem Boden geschossen. Und wo kamen auf einmal die ganzen Spielplätze, Kindergärten und Schulen her? Sie waren schon immer da. Unsere selektive Wahrnehmung hat sie vor uns versteckt.

Probieren Sie mal, Ihre selektive Wahrnehmung zu beeinflussen. Sie können den Spieß nämlich auch umdrehen und selbst aktiv werden. Suchen Sie sich ein Thema und seien Sie offen dafür. Sie werden überrascht sein, wie reichhaltig Sie Ihre Umwelt mit Anregungen zu diesem Thema versorgt.

Sagen Sie »Ja« zu den Erlebnissen und Eindrücken. Füllen Sie Ihr Erlebnispunkte-Konto, um in unerwarteten Situationen darauf zurückgreifen zu können.

Übung 10: Das Konto »Erlebnispunkte« auffüllen

Sie brauchen dazu:
– Sich selbst
– einen Zeitungskiosk
– einen Fußweg
– einen Fernseher
– eine Kantine/ein Restaurant
– fünf bis zehn Minuten Lebenszeit

Und so geht's:
Diese Übung gibt es in verschiedenen Varianten. Wählen Sie eine, die Ihnen zusagt, oder spielen Sie – wenn Sie richtig hart trainieren wollen – alle vier durch.

Variante 1: Am Zeitungskiosk
Wenn Sie das nächste Mal an einem Bahnhof warten und noch ein bisschen Zeit haben, gehen Sie an den Kiosk und nehmen sich eine Zeitung, von der Sie bislang nicht wussten, dass sie existiert. Schlagen Sie das Heft an einer beliebigen Stelle auf und lesen Sie eine Seite, gern auch mehrere, wenn ein Thema Sie packt. Wir haben mit folgenden Zeitschriften interessante Erfahrungen gemacht: »Kaninchenzeitung«, »Traktor Power«, »Fliegerrevue«, »LOK-Magazin«.

Bei unseren Vorträgen und Trainings raten wir ebenfalls dazu, Zeitschriften durchzublättern, die man sonst nie liest. Einen unserer Kunden haben wir eine Woche nach einem Training zufällig noch einmal getroffen. Er erzählte uns begeistert, dass er schon lange mit dem Gedanken spielte, sich selbstständig zu machen. Als er von dem Vortrag nach Hause ging, hätte er im Kiosk eine Zeitschrift in die Hand genommen, die er sonst nie anschauen würde. Der Themenaufmacher war »Wege in die Selbstständigkeit«.

Variante 2: Den Standardweg verlassen
Wir haben Sie ja schon aufgefordert, Ihre Anti-Spontaneitäts-Wege zu verlassen, im übertragenen Sinn verstanden. Jetzt geht es darum, tatsächlich neue Wege zu gehen. Sie nehmen immer den gleichen Weg: zur Arbeit, zum Einkaufen, zu Freunden. Verlassen Sie ab jetzt diese eingefahrenen Routen. Gehen Sie mal woanders lang. Vielleicht eine Straße, von der

Sie nicht sicher sind, wohin sie führt. Meistens braucht man dafür, sollte es ein Umweg sein, gerade mal fünf Minuten mehr Zeit.

Variante 3: Im Fernsehsessel
Sie sitzen abends öfter mal vor dem Fernseher und zappen sich durch die Programme auf der Suche nach Unterhaltung. Dabei schalten Sie einige Programme besonders schnell weg, die Sie nicht interessieren. Diesmal bleiben Sie mindestens eine Minute lang dabei und schauen sich dieses Programm an, bevor Sie weiterschalten. Uns ist in Erinnerung geblieben: eine Verkaufsshow in einem Home-Shopping-Kanal mit »Bauch-weg-Unterhemden«, demonstriert an einem Übergrößenmodel, diverse Sumo-Kämpfe, ein Wasserballett, verschiedene tragische Dialoge in Verfilmungen von Rosamunde-Pilcher-Romanen.

Variante 4: Beim Essen
Falls Sie mittags immer in der Kantine essen gehen, setzen Sie sich möglicherweise immer mit den gleichen Menschen an den gleichen Tisch und essen auch immer das Gleiche. Sollte dem so sein, nehmen Sie ab jetzt einen Tisch, an dem Sie noch nie gesessen haben, und essen ein Gericht, das Sie noch nie probiert haben. Falls Sie regelmäßig mittags ins Restaurant gehen, können Sie auch dort einen anderen Tisch wählen. Bei einer Freundin von uns ist es in der Firma Tradition, einmal in der Woche mit einem bis dato unbekanntem Kollegen essen zu gehen. Man sucht sich den »Unbekannten« aus dem Firmenintranet aus und macht einen Terminvorschlag. Besagte Freundin erzählt uns seither dauernd, wie viele tolle und spannende neue Kollegen sie seitdem kennen gelernt hat.

Was soll das?
Das Unerwartete soll Sie in Ihrem Alltag nicht mehr überraschen. Also überraschen Sie sich selber mit neuen Erfahrungen. Trainieren Sie, Dinge zu sehen, die Sie vorher noch nie gesehen haben. Sammeln Sie neue Erfahrungen, Sie werden feststellen, dass sie Ihnen eines Tages nützlich sein können. In spontanen Situationen müssen Sie auf Wissen zurückgreifen, von dem Sie vorher nicht einmal ahnten, dass Sie es einmal brauchen werden. Außerdem werden Sie staunen, was um Sie herum noch alles passiert, ohne dass Sie es bislang gesehen, geschmeckt oder gerochen haben. Genau diese Übung hatten wir einem Unternehmensberater vorgeschlagen. Obwohl er nicht wirklich davon überzeugt war, besuchte er bei seinem nächsten Aufenthalt an einem Bahnhof die Bahnhofsbuchhandlung und blätterte im »WP-Magazin«, in dem es nur um Wellensittiche und Papageien geht. Schnell hatte er eine Seite über eine Papageienkrankheit gelesen, ohne recht zu wissen, wozu das gut sein sollte. Wochen später hatte er einen Termin bei einer Pharmafirma, die auf Tiermedizin spezialisiert war. Im Vorgespräch griff er auf seine mit dem »WP-Magazin« gesammelten »Punkte« zurück und fragte, ob die Firma auch Medikamente für Papageien anbiete. Die Mitarbeiter waren positiv überrascht vom Interesse des Unternehmensberaters. Kurz: Er bekam den Beratungsauftrag.

Monty Python, ein Beatle und ein starkes »Ja«
Nachdem die englische Comedy-Gruppe Monty Python »Die Ritter der Kokosnuss« abgedreht und erfolgreich in die Kinos gebracht hatte, gingen sie an ihr nächstes Werk: »Das Leben des Brian«. Sie waren sich sicher, jemanden zu finden, der den

Film finanzierte. Zwei Tage vor Drehbeginn in Tunesien sprang der Investor ab. Durch Zufall erfuhr Ex-Beatle George Harrison davon und sprang als Investor mit einem Millionenbetrag ein, einfach nur, weil er diesen Film sehen wollte, und dafür musste er gedreht werden. Das ist ein starkes persönliches und finanzkräftiges »Ja«. Erst nach Ende der Dreharbeiten wurde den Pythons klar, das George Harrison für den Film einen Großteil seines Besitzes beliehen hatte.

Das ganze Buch für Schnellleser. Teil 1:

Sag »Ja«.
Nicht immer, aber immer öfter.

Lesen Sie weiter auf Seite 204.

Regel Nr. 2: Mach Fehler und genieße es

Ein Hollywoodfilm, Action-Genre, »Stirb langsam«, Teil 8. Sie sind der Held des Films, befinden sich in Manhattan, sitzen vor einer Bombe und müssen sich zwischen dem roten und dem grünen Draht entscheiden. Machen Sie jetzt einen Fehler, wird die Bombe hochgehen. Sie und tausende von unschuldigen Menschen werden sterben. Sie werden Ihre Familie nie wiedersehen, Ihre Kinder werden ohne Vater auf-

wachsen. Die Explosion löst eine Kettenreaktion: aus, wodurch eine von der US-Regierung bislang geheim gehaltene Zeitmaschine aktiviert wird. Dadurch kommen George W. Bush und sein Vater wieder an die Macht. Diesmal zusammen. Als erste Amtshandlung der beiden wird Fahrradfahren sofort verboten und Autofahren zur Pflicht, um die nationalen Ölkonzerne zu unterstützen. Deshalb entwickelt sich die Klimakatastrophe noch gravierender als erwartet, und am schmelzenden Nordpol richtet Al Kaida ihre neue Zentrale ein, weil die Temperatur dort inzwischen wie zu Hause ist.

Das war die Version für die Männer. Die weibliche Version unserer Geschichte hört sich etwas anders an:

Ein Hollywoodfilm, Genre: Komödie für Frauen, »Sex and the City«, Teil 9. Sie sitzen in einer schicken New Yorker Bar und werden von zwei Männern angesprochen: Mr. Right und Mr. Big. Es läuft gut. Der eine trägt eine rote und der andere eine grüne Krawatte. Was machen Sie? Sind es wirklich Mr. Big und Mr. Right? Oder ist einer vielleicht eine absolute Niete? Entscheiden Sie sich für den einen, wäre der andere bestimmt die bessere Wahl gewesen oder andersrum. Einer kann kochen, liebt Kinder, ist gut im Bett und romantisch veranlagt. Wenn Sie den anderen wählen, wird Ihr Leben den Bach runtergehen. Er entpuppt sich als passiver Sofa-Sportfan, sitzt also nur vorm Fernseher und lässt sich von Ihnen die Bierchen anreichen. Leider verliert er seinen lukrativen Job und schlägt vor, dass Ihr Einkommen eigentlich für Sie beide reichen müsste. Um Geld zu sparen, verbringen Sie ab sofort alle Urlaube im Wohnwagen auf einem Zeltplatz. Der Höhepunkt des Urlaubs ist das örtliche Feuerwehrfest. Und alles nur, weil Sie sich in diesem Moment für den Falschen entschieden haben. Hätten Sie doch den anderen genommen, oder noch besser, beide.

Wer die Option, beide zu nehmen, in Betracht gezogen hat: Glückwunsch, Sie sind auf dem richtigen Weg, ganz spontan Spaß zu haben. Aber das wäre ein anderes Buch. Leider muss man sich im realen Leben immer für eine Sache entscheiden. Mr. Big oder Mr. Right. Traummann oder Albtraum-Kandidat. Roter oder grüner Draht. Weltretter oder Rettungsversager. Und leider wissen wir in dem Moment nicht, welche Entscheidung die richtige ist. Beides geht nicht. Deshalb schwingt bei jeder Entscheidung die Angst mit, einen Fehler zu machen. Und wir können uns nicht entscheiden und sind deshalb nicht spontan. Aber spontane Menschen müssen Entscheidungen fällen und Fehler machen.

Aebr die meeitsn Felehr, die wir mcaehn, snid nciht so gvriaenerd. Ein gssorer Tiel uesernr Lsrscheaft snid kniee Bmboenetnräschrfer und hbaen kiene Dteas in New Yroekr Bras. Und sblest dsieen Txet knönen sie lseen, obwohl er ein enziiger Felehr ist.

Was ist denn eigentlich ein Fehler? Wir haben mal nach anderen Begriffen dafür gesucht: Problem, Störung, Zwischenruf, Stau, Benzinpreis, Freundin, Freund, Idiot, Kollege, Chef, Staat, Wetter, Depp, Nachbarn, falscher Job, Auto-Werkstatt, Ehemann, Bahn, Ehefrau, Affäre ...

Irgendwer ist ja immer schuld. Man merkt schnell, dass es ziemlich viele Fehler in unserem Umfeld gibt. Und die Fehler liegen immer bei den Anderen – klar. Sie machen keine Fehler, oder? Und darum sind Sie auch nicht spontan.

Der Begriff »Fehler« müsste sich also weiter fassen lassen, um damit besser zu arbeiten, oder, wie wir sagen würden, spielen zu können. Zoomen wir uns mal näher an das Thema heran, indem wir uns noch einmal den Vulkanausbruch auf Island in Erinnerung rufen:

Eine Woche lang legt der speiende Vulkan den kompletten europäischen Flugverkehr lahm. An die 180.000 Flüge werden gestrichen. Weltweit sitzen Menschen an Flughäfen fest. Niemand kann etwas für den Fehler, aber alle müssen ihn ausbügeln. Er behindert uns, unserem Tagesablauf zu folgen, und verschlechtert scheinbar unsere Lebensqualität. Tausende von Menschen müssen spontan sein und improvisieren. Sie haben keine andere Wahl. Es bilden sich Fahrgemeinschaften von Lissabon nach Frankfurt. Urlaube werden verlängert. Die Zeitungen schreiben erstaunt von diesem spontanen Verhalten der Betroffenen. Ein einziger großer »Fehler« der Natur, möchte man ausrufen, und merkt dabei gar nicht, dass die Natur einfach nur sie selbst ist. Keiner der Betroffenen hatte vorher die Möglichkeit zu überlegen, ob sich das spontane Handeln als ein Fehler erweisen würde. Denn der Ausgangsfehler (Vulkanausbruch) ist so gravierend, dass alle anderen potenziellen Fehler dagegen harmlos erscheinen. Unter dieser Voraussetzung trauen sich anscheinend viele Menschen, spontan zu handeln und Fehler zuzulassen. Wenn etwas schiefgeht, dann kann ich es ja auf die Aschewolke schieben. Wenn der Zwang groß genug ist, wird spontan gehandelt, und dann spielen Fehler eine untergeordnete Rolle.

Okay. Aschewolken kommen nicht so oft vor. Hoffen wir jedenfalls. Aber was ist mit den Fehlern, die wir selbst verursachen? Die Angst davor, Fehler zu machen, hindert uns daran, mehr Spontaneität zu entwickeln. Weil ich Angst habe, einen Fehler zu machen, mache ich lieber gar nichts. Kaninchen-Feeling, besser alles so wie immer. Unsere zweite Regel lautet deshalb: Vergessen Sie Ihre Angst vor Fehlern, oder noch deutlicher ausgedrückt: Mach Fehler und genieße es.

> *»Wenn ich mein Leben noch mal leben könnte, würde ich die gleichen Fehler machen. Aber ein bisschen früher, damit ich mehr davon habe.«*
> Marlene Dietrich

Ein neuer entspannter Umgang mit Fehlern ermöglicht Spontaneität. Fehler passieren. Shit happens. Würden wir andauernd versuchen, Fehler zu vermeiden oder zu verstecken, würde das unsere Spontaneität blockieren. Wir gehen anders, spielerischer, lockerer mit Fehlern um. Wir sehen den Fehler nicht als Störung, der unseren Plan durcheinanderbringt, sondern als Herausforderung an unsere Spontaneität. Deshalb machen wir uns den Fehler zum Freund. Er ist  eine willkommene Gelegenheit, Spontaneität zu trainieren. Wenn wir »Ja« zu Fehlern sagen, sind sie nicht mehr so gravierend. Wenn wir die Angst davor verlieren, sind wir offen für spontane Entscheidungen. Die Gehirnhälfte, die bislang beschäftigt war, Fehler zu vermeiden und zu verstecken, kann jetzt trainieren, spontaner zu sein. Wir haben wieder unseren kompletten Arbeitsspeicher frei, um flexibel zu handeln.

Gehen Sie mit uns durch die Tür. Egal was dahinter auf Sie wartet. Machen Sie sie ganz weit auf und betreten Sie eine neue Welt. Was hindert Sie daran, die Tür zu öffnen? Sie haben Angst, dass es ein Fehler sein könnte? Ich bleibe lieber stehen und nehme die Tür, die ich schon kenne, die Tür, die zurück in mein gemütliches Wohnzimmer führt – das Sofa wartet schon.

Wir wollen keine Fehler machen

Warum haben wir eigentlich Angst vor Fehlern? Wir haben einen Plan, wie unser Leben verlaufen soll. Oder vielleicht auch nur einen Plan, wie sich ein Abend mit Freunden oder die nächsten 15 Minuten gestalten sollen. Und auf einmal passiert ein Fehler, und der bringt uns von unserem ursprünglichen Plan ab.

Erinnern wir uns an den sogenannten »Torfall von Madrid« im Jahr 1998. Beim Halbfinalspiel der UEFA Champions League zwischen Real Madrid und Borussia Dortmund fiel eine Minute vor dem Anpfiff des Spiels eines der beiden Tore um. Es dauerte 76 Minuten, bis ein Ersatztor aufgebaut werden konnte. Diese Zeit mussten die Sportmoderatoren Marcel Reif und Günther Jauch live im Fernsehen überbrücken. In diesen 76 Minuten haben die beiden unter anderem mit einem Maßband und einem Stuhl die Höhe eines Tors vor laufenden Kameras demonstriert und alles, was im Stadion passierte, kommentiert. So auch, als ein paar Männer mit Zettel und Papier bewaffnet von links nach rechts durchs Bild gingen, ob diese nun wichtig oder unwichtig seien. Man hatte den Eindruck, zwei guten Freunden zuzuhören, die gemütlich auf dem Sofa sitzen, ein Bier in der Hand, und ungläubig das Geschehen im Stadion diskutieren. Einige der spontanen Kommentare haben sogar Kultstatus erreicht: »Noch nie hätte ein Tor einem Spiel so gutgetan.« (Reif) Oder: »Für alle, die nicht rechtzeitig zugeschaltet haben ..., das erste Tor ist schon gefallen.« (Jauch)

Hätte man die beiden vorher gefragt, ob sie bereit wären, so eine Sendung zu moderieren, sie hätten vermutlich abgelehnt, aus Sorge, durch eine schlechte Moderation ihre berufliche Laufbahn zu gefährden. Beide hatten aber keine Zeit, sich zu entscheiden bzw. sich Gedanken darüber zu machen. Während der Sendung kam ihnen dieser Gedanke auch: »Wir haben sie ja nicht alle, was wir hier reden, ist ja hanebüchen ...«, so Marcel Reif später in einem Interview. Am nächsten Tag teilte ihnen der Programmchef mit: »Sie wissen schon, es haben mehr Leute den Quatsch vorher gesehen als das Spiel.« Genauer gesagt haben den Quatsch über zwölf Millionen Zuschauer angeschaut, das Spiel selbst lediglich sechs Millionen. Diese spontane Arbeit wurde schließlich mit dem Bayerischen Fernsehpreis belohnt und für den Adolf-Grimme-Preis nominiert.

Eine klassische unerwartete Situation, auf die man spontan reagieren muss. Beide haben sich an unsere erste Regel gehalten, »Ja« gesagt zu der Situation und sie so akzeptiert, wie sie war.

Fehler, die wir selber verursachen, jagen uns jedoch noch viel mehr Angst ein. Und genau diese Angst blockiert uns in unserer Spontaneität. Aber mal der Reihe nach. Jetzt haben wir schon so viel über Fehler geschrieben, ohne überhaupt eine Definition des Begriffs zu liefern. Schauen wir mal, was Wikipedia dazu sagt:

»Ein Fehler ist eine Abweichung von einem optimalen oder normierten Zustand oder Verfahren in einem bezüglich seiner Funktionen determinierten System.
Unter einem Fehler verstand man lange Zeit die Abweichung von einer Norm. Zwischenzeitlich wurde jedoch die Definition modifiziert. Auch das Deutsche Institut für Normung (DIN) definiert Fehler nun als einen ›Merkmalswert, der die vorgegebenen Forderungen nicht erfüllt‹ und als ›Nichterfüllung einer Forderung‹.«

Hä? Wie bitte? Das versteht ja kein Mensch, lassen Sie uns das mal übersetzen: Ein Fehler ist eine Störung unseres geplanten Ablaufs. Etwas stellt sich uns in den Weg, es läuft nicht so, wie es soll. Ich habe einen Plan, und die Welt hat einen anderen. Geben Sie Fehlern einfach mal einen Namen. Wir haben Fehler in folgende Kategorien eingeteilt:

Fehlerkategorie Nummer 1: Shit happens

Das sind Fehler, die Sie nicht selbst verursacht habe. Wir verbuchen sie unter »höhere Gewalt« oder »Shit happens«. Sie behindern Ihr Leben und sind kurzfristig nicht lösbar. Wenn Sie auf einem gesperrten Autobahnabschnitt vier Stunden lang mit Ihrem Auto festsitzen und zu einer bestimmten Uhrzeit 150 Kilometer weit entfernt einen Termin haben, können Sie an dem Stau nichts ändern. Marcel Reif und Günther Jauch konnten nichts für den Torfall von Madrid, mussten aber 76 Minuten überbrücken, spontan.

Fehlerkategorie Nummer 2: Reine Schikane

Bei diesem Fehler gehen wir davon aus, dass ein Anderer Ihren Plan stört. Das kann beabsichtigt sein, wenn Ihr Nachbar wie jeden Samstag, wenn Sie etwas länger schlafen wollen, um Punkt 7.02 Uhr mit dem Rasenmähen beginnt, aber nur, wenn er sieht, dass Sie zuhause sind. Oder Sie halten eine Präsentation und ein Kollege stört Sie bewusst die ganze Zeit. Bei einer Störung möchte Sie jemand bewusst schwächen, Ihnen Probleme bereiten, Sie von Ihrem Plan abbringen. Natürlich kann der Fehler auch unbeabsichtigt passieren: Sie sind mit Ihrem Partner essen und Ihre Reservierung ist leider nicht aufgenommen worden. Ärgerlich bleibt das allemal. Sie müssen spontan reagieren. Wie in Kategorie Nummer eins wird der Fehler durch Fremdeinwirkung verursacht.

Fehlerkategorie Nummer 3: Ich hab's vergeigt
Dabei handelt es sich um selbstverschuldete Fehler, die wir zulassen sollten. Wir sagen dazu: »Ich hab's vergeigt.« Ein typischer »Ich hab's vergeigt«-Fehler kann Ihnen beim Einkaufen passieren. Ihr Partner diktiert Ihnen Nudeln auf den Einkaufszettel. Im Supermarkt können Sie Ihre eigene Handschrift nicht lesen und kaufen stattdessen Nutella. Jetzt heißt es beim nächsten Sonntagsessen: »Schatz, es gibt Schokolade zum Mittag.« Sie haben es vergeigt.

Bei allen drei Kategorien von Fehlern sind spontane Lösungen gefragt. Und um spontan reagieren zu können, müssen Sie die Fehler gelassen sehen. Flippen Sie ruhig einmal kurz aus und lassen Sie Ihren Emotionen freien Lauf, schreien Sie rum, schlagen Sie auf das Sofakissen ein, aber betrachten Sie die Sache anschließend wieder gelassen. Den Ärger in sich reinzufressen und mit der Situation lange zu hadern, kostet zu viel Energie, die Sie lieber darauf verwenden sollten, eine spontane Lösung zu finden.

Wir haben Angst vor Fehlern, weil sie nicht unserem Selbstbild entsprechen. Jeder möchte gerne perfekt, attraktiv und eloquent sein. Wenn wir uns nun aber in die spontane Welt stürzen, können wir nicht garantieren, dass immer alles perfekt läuft. Wir werden vielleicht auch schwach, hässlich und sprachlos sein. Sie denken jetzt bestimmt: Ich möchte aber gerade durch meine Spontaneität glänzen und andere beeindrucken. Wir sagen: Ja, das können Sie gern, aber stellen Sie sich darauf ein, dass auf dem Weg immer wieder Fehler passieren werden. Ob von Anderen oder von Ihnen verursacht. Wir beide handeln nach unseren Spontaneitäts-Prinzipien und trotzdem oder gerade deswegen trauen wir uns auch, Fehler zuzulassen. Oder anders ausgedrückt: Wir machen genauso viele Fehler wie alle anderen, wir versuchen nur nicht, sie zu verstecken.

In der Zusammenarbeit mit einem Teamleiter, dessen Team aus Softwareprogrammieren bestand, besprachen wir das Thema Fehler. Er erzählte, dass bei der Weiterentwicklung von Software in seinem Team natürlich auch Fehler entstehen. Selbst wenn die Programmierer die Fehler entdecken, würden sie aus Zeitnot einen kleinen »Workaround« – eine behelfsmäßige Notlösung – programmieren, die den Fehler nicht ursächlich entfernt, sondern nur dafür sorgt, dass das Programm einigermaßen läuft. Der nächste Programmierer, der daran weiterarbeitet, schreibt dann in seinem Bereich einen vollkommen fehlerfreien Code für die Software, aber aufgrund des versteckten Workarounds funktionierte sein Code nicht korrekt, und er denkt, dass er einen Fehler gemacht hat, wo gar keiner war. Er baut den nächsten Workaround ein, und das Programm wird immer unstabiler und stürzt immer wieder ab. Erst nachdem der Teamleiter das Thema Fehler mit seinen Programmierern diskutierte und alle im Team offen zu ihren Fehlern standen, verbesserte sich die Stabilität der Programme, da sich die Fehler leichter finden und beheben ließen. Häufig waren die gleichen Fehler auch schon anderen Programmierern passiert, und so konnten die Kollegen von den Fehlern der anderen profitieren.

Und so verhält es sich in vielen Situationen. Wenn wir über unsere Fehler sprechen, merken wir oft, dass andere die gleichen Fehler gemacht haben oder dass es gar keine Fehler sind. Fehler, so haben wir es schon in der Schule, in der Ausbildung oder im Elternhaus gelernt, sind etwas Schlechtes. Doch wer sich nicht traut, Fehler zu machen, kann leider nicht spontan sein.

> *»Wer unter euch ohne Sünde ist, der werfe den ersten Stein.«*
> Johannes-Evangelium, 8,7

»If you're not prepared to be wrong, you'll never come up with anything original.« Dieser Satz stammt von Sir Ken Robinson, einem britischen Autor und international geachteten Berater in Fragen der Gesellschaftsentwicklung. Wir haben das mal mit »Wenn du nicht vorbereitet bist, Fehler zu machen, wirst du nie was Originelles entwickeln« übersetzt. Robinson kritisiert unter anderem, dass fast jedes Bildungssystem der Welt die vorhandene Kreativität von Kindern abziehe. Lesen Sie selbst, was er im Rahmen des Vortrags »School Kills Creativity« auf einer TED-Konferenz im Februar 2006 sagte:

»Ich habe vor Kurzem eine tolle Geschichte gehört – ich erzähle sie zu gern – über ein kleines Mädchen, das in einer Schulstunde malte. Sie war sechs Jahre alt und sie malte hinten in der letzten Reihe und die Lehrerin sagte, dass dieses kleine Mädchen fast nie aufpasste, außer in der Zeichenstunde. Die Lehrerin war fasziniert, ging zu ihr herüber und fragte: ›Was malst du denn da?‹ Und das Mädchen sagte: ›Ich zeichne ein Bild von Gott.‹ Und die Lehrerin sagte: ›Aber niemand weiß, wie Gott aussieht.‹ Und das Mädchen antwortete: ›Gleich wissen Sie es.‹

Diese Beispiele zeigen, dass Kinder bereit sind, etwas zu riskieren. Wenn sie es nicht wissen, probieren sie es einfach. Nicht wahr? Sie haben keine Angst, etwas falsch zu machen. Ich will damit nicht sagen, dass etwas falsch zu machen bedeutet, kreativ zu sein. Wir wissen aber, dass, wer nicht bereit ist, einen Fehler zu machen, nie etwas wirklich Originelles schaffen wird. Und wenn sie erst erwachsen sind, haben die meisten Kinder diese Fähigkeit verloren. Sie haben Angst, Fehler zu machen. Und, nebenbei, wir machen das in Firmen genauso. Wir stigmatisieren Fehler. Wir haben heute nationale Bildungssysteme, in denen Fehler das Schlimmste sind, was man machen kann. Und das Ergebnis ist, dass wir den Menschen ihre kreativen Fähigkeiten weg-unterrichten. Picasso hat mal gesagt: ›Alle Kinder werden als Künstler geboren‹. Das Problem ist, ein Künstler zu bleiben, während man aufwächst. Ich bin nun überzeugt, dass wir nicht in die Kreativität hineinwachsen, sondern aus ihr heraus. Oder wir werden vielmehr heraus-unterrichtet.«

Viele Menschen haben Angst davor, etwas nicht gleich richtig zu machen, und vergeben sich damit die Chance, Neues zu entdecken. Das erleben wir bei unseren Trainings immer wieder. Unsere Kunden wären so gerne spontan und kreativ, aber sie trauen es sich nicht. Häufig verstecken sie sich hinter dem Satz: «Ich würde ja so gerne spontan sein, aber ich habe überhaupt kein lustiges Talent und bin kein bisschen kreativ und spontan.» Dabei haben sie es noch nicht mal ausprobiert.

Wenn ich Angst hätte, einen Fehler zu machen, dann könnte ich nicht mehr auf die Bühne gehen. Ich würde mir ständig selbst im Wege stehen und bei jedem Auftritt denken: Mein Gott, heute bist du total spontan, heute muss alles klappen, heute darf nichts schiefgehen, meine Kollegen dürfen nicht merken, dass ich einen Fehler gemacht habe. Würde ich das tun, dann würde ich bis zum Ende der Show weinend verzweifeln.
In einer improvisierten Shakespeare-Szene finde ich nicht den richtigen Reim, das Publikum fordert von mir, ein Lied als gregorianischen Gesang zu singen. Das kann ich nun wirklich nicht und mache es trotzdem. Ich fange zum Beispiel an, eine Szene zu spielen, und bin sicher, dass wirklich jeder erkennt, dass ich Michael Schumacher bei seinen Rennvorbereitungen darstellen will. Da kommt mein Kollege plötzlich auf die Bühne und will rote Rosen von mir kaufen. Er dachte, ich spiele einen Blumenhändler. Das Publikum liebt es, uns bei solchen »Fehlern« zu ertappen. Im Team lösen wir die Probleme auf der Bühne spontan. Meine Kollegin vollendet meinen Shakespeare-Reim und gibt der Szene damit eine neue Wendung. Ich versuche mich am gregorianischen Gesang, doch es klingt wirklich schlimm. Meine Kollegin sagt »Ja« zu der Situation und macht daraus eine Szene, in der ein Mönch aus dem Kloster entlassen wird, da er nicht singen kann. Bei uns geht dauernd etwas schief, meist merken wir es gar nicht, da wir nach vorne schauen, die Szene weiterspielen und jeden Fehler einbauen.

Sie kennen das vielleicht auch: Sie haben Erwartungen an sich selbst, z.B. dass ein Vorstellungsgespräch erfolgreich läuft, der Besuch beim Kunden Ihnen einen neuen Auftrag bringt, Ihr Date Sie beeindruckend findet und der Abend mit Freunden perfekt wird. Sie haben einen fehlerlosen Plan aufgestellt, um alles zu bewerkstelligen. Und dann geht dieser Plan nicht auf. Was also machen Sie beim nächsten Mal? Werden Sie sich einfach nicht mehr vorstellen? Werden Sie keine Freunde mehr treffen und auch nicht mehr zu Kunden fahren?

Geht nicht, sagen Sie? Stimmt. Geht nicht. Doch es gibt eine Alternative. Sie lassen Fehler zu und müssen trotzdem nicht gleich Ihre Erwartungen an sich senken. Geben Sie weiterhin alles, aber rechnen Sie mit Ihren eigenen Fehlern. Wir möchten Ihnen die Angst vor Fehlern nehmen. Fehler sind normal und menschlich. Sehen Sie den Fehler als Chance, denn die Angst vor dem Fehler blockiert Ihre Spontaneität. Wenn Sie lernen, mit Ihren Fehlern umzugehen, werden Sie für andere Menschen menschlicher.

Hilfe, haben Sie meinen Status gefunden?

Was hindert uns also daran, einen Fehler zu machen? Wir möchten für einen Erklärungsversuch das »Statusmodell« von Keith Johnstone heranziehen. Keith Johnstone ist ein englischer Regisseur und Schauspiellehrer. Ihm war im Training mit seinen Schauspielern aufgefallen, dass sie beim Improvisieren oft sehr langweilige Szenen spielten. Sie trauten sich nicht, einen bestimmten Status einer anderen Person gegenüber einzunehmen. Sein Statusmodell entstand aus seiner Beobachtung der Realität, also unseres Alltags. Auch wir nehmen, je nachdem, mit wem wir zusammen sind, einen unterschiedlichen Status ein. Da wir aber Angst haben, den einmal gewonnenen Status zu verlieren, scheuen wir uns davor, Fehler zu machen, und sind somit auch nicht spontan.

»Im Alltagsleben«, so Johnstone, »stellen Menschen unbewusst immer ein Statusverhältnis her, indem jeder sich in eine bestimmte Position bringt (hoch oder niedrig), bis sie zu einer

›Verständigung‹ kommen – wenn sie das nicht erreichen, werden sie sich nie zusammen wohlfühlen. (…) Ohne Status könnten wir im Flur nicht aneinander vorbeigehen, ohne Schläge auszutauschen. Da dies körperliche Verletzungen mit sich bringen könnte, suchen wir einander nach Statussignalen ab, und derjenige, der Tiefstatus akzeptiert, weicht aus. Wenn wir uns über den Status nicht einigen können, entsteht eine unangenehme Situation, wenn wir nur zur gleichen Zeit durch die Tür gehen wollen. (…) Freunde lösen das Problem, indem sie Status zu einem Spiel machen; sie beleidigen einander, ohne es ernst zu meinen, oder verneigen sich im Spaß voreinander. Dadurch erklärt sich, warum wir oft jahrelang mit Bekannten zusammenkommen können und sie doch fremd bleiben, währen wir mit spielerischen Menschen fast sofort Freundschaft schließen. Einige der wichtigsten Statussignale werden durch die Augen vermittelt; wir halten den Blickkontakt, wenn wir dominieren möchten (oder wenn wir verliebt sind); wenn wir den Blickkontakt abbrechen und dann zurückschielen, verhalten wir uns unterwürfig. (…) Wenn unser Status nie gefährdet wäre, wären wir alle gelassen und ausgeglichen. (…) Die meisten von uns sind Statusspezialisten – wir spielen besser Hochstatus oder besser Tiefstatus. Beides ist defensiv: Tiefstatus vermittelt die Botschaft ›Ich bin's nicht wert, getreten zu werden‹, Hochstatus vermittelt die Botschaft ›Bleib mir vom Leibe, ich beiße!‹«

Diese Beobachtungen helfen unserer Meinung nach nicht nur Schauspielern bei der Rollenfindung, sondern auch Ihnen in Bezug auf Spontaneität. Nach Keith Johnstone haben wir alle einen Status, der uns besser liegt. Hoch- oder Tiefstatus. Welcher Status uns eher entspricht, hängt von der jeweiligen Situation ab. In unserer Familie leben wir vielleicht im Tiefstatus und im Arbeitsleben im Hochstatus. Aber egal, welcher Status unsere Schokoladenseite ist, er dient dazu, uns zu schützen. Für unser persönliches Wohlbefinden ist ein Status nicht besser als der andere, vielmehr ist es uns wichtig, dass keiner uns den Status nimmt. Unter Status verstehen wir »das, was wir tun, nicht das, was wir sind«. Das heißt, ein Chef kann gegenüber einem Angestellten Tiefstatus haben und der Angestellte nimmt gegenüber dem Chef einen Hochstatus ein. Der Chef aus dem folgenden Dialog ist wohlhabend, kann sich jeden Tag zwischen zwei Dienstwagen der Top-Kategorie entscheiden und besitzt eine Villa am Stadtrand mit Gästehaus und Tennisplatz, ach ja, und einem Schwimmbad. Und dennoch …

Chef:	»Herr Schnelling, könnten Sie bitte mal schnell ein paar Kopien von diesen Dokumenten machen und mir ins Büro reinreichen?«
Angestellter:	»Nein kann ich nicht, ich habe einen Termin mit den Kollegen.«
Chef:	»Aber Sie sind doch als Bürohilfe für solche Aufgaben von mir eingestellt worden, oder?«
Angestellter:	»Sie wissen gar nicht, wie man diesen Laden hier richtig leitet. Ich hätte da ein paar Ideen, die ich gleich mit den anderen Kollegen besprechen werde.«
Chef:	»Äh, kann ich da mitkommen?«
Angestellter:	»Nein!«

Dieser Beispiel-Dialog soll deutlich machen, dass unser gesellschaftlicher Status (Chef, Kanzlerin, König) nicht automatisch dem Status entspricht, den wir auf der Bühne des Lebens spielen. Viele Menschen glauben aber fälschlicherweise, dass sie über ihre gesellschaftliche Stellung (berufliche Position, Titel, finanzieller Background etc.) automatisch über einen Hochstatus verfügen. Sie umgeben sich mit Statussymbolen, um diesen Stand zu festigen. Mein Haus, mein Boot, mein Pferd. Sie glauben, jeder Fehler könnte sie ihren Status kosten.

Seitdem wir beide verstanden haben, dass Status nicht das ist, was wir sind, sondern was wir tun, fällt es uns leichter, mit unseren Fehlern umzugehen. Wenn wir einen Fehler machen, dann werden wir in einem bestimmten Bereich vielleicht kurzfristig in einen Tiefstatus gelangen, unsere gesellschaftliche Position ist damit aber nicht notwendigerweise gefährdet. Ein Beispiel: Selbst nach seiner außerehelichen Affäre ist Bill Clinton Präsident geblieben und auch heute noch ein anerkannter Berater in Wirtschaft und Politik.

Die meisten Menschen glauben, ein Fehler könne das, was sie sind, also ihren gesellschaftlichen Status, sofort negativ beeinträchtigen. Wir sind womöglich nicht mehr so angesehen, wenn wir einen Fehler machen. Als Vorgesetzter befürchten Sie, dass Ihre Mitarbeiter Sie nicht mehr ernst nehmen, wenn Sie eingestehen, etwas nicht zu wissen. Nur wenn wir erkennen, dass wir sowieso ständig auf der Bühne des Lebens unseren Status spielerisch wechseln und ihn sogar gezielt an die jeweiligen Situationen anpassen können, ohne unsere gesellschaftliche Position sofort zu ruinieren, können wir uns von der Angst befreien, die ein spontanes Verhalten bremst.

Testen wir das einmal in einer realen Situation: Mal angenommen, jemand fragt Sie, ob es Ihren Anzug auch für Männer gibt. Sie erinnern sich an das Thema Schlagfertigkeit? Und Ihnen fällt nicht sofort eine Antwort ein, sondern erst die berühmten 15 Minuten später? Nun können Sie sich grämen, ob Sie das Ihre gesellschaftliche Anerkennung kostet. Sollten Sie Moderator einer Veranstaltung sein, könnten Sie sich auch fragen, ob man Sie weiterhin ernst nehmen wird. Die Alternative: Sie wissen, dass es kein Problem ist, in diesem Fall den Statusfahrstuhl zu nehmen, runter ins Tiefgeschoss zu fahren mit dem Wissen, dass es nur so funktioniert: ein anderer ist grade im Hochstatus, Sie sind im Tiefstatus. Würden Sie beide im Hochstatus bleiben, käme es früher oder später zu einer Schlägerei. Ein Fehler ist passiert. Normal, kommt in den besten Familien vor. Im nächsten Moment, am nächsten Tag, in einer anderen Situation kann das für Sie schon wieder ganz anders aussehen.

Oder stellen Sie sich folgendes Setting vor: Sie sind mit Ihren Freunden unterwegs und wollen gemeinsam essen gehen. Aus einem Bauchgefühl heraus schlagen Sie vor, diesmal nicht zum angesagten Italiener in einem Szeneviertel zu gehen, sondern zum Griechen in einem nicht so hippen Stadtteil. Was kann passieren?

Sie gehen zum Griechen, das Essen ist schlecht, und wenn es darum geht, das nächste Mal ein Restaurant auszusuchen, haben Sie Ihren Status bei Ihren Freunden verloren. Dennoch werden Sie nach wie vor von ihnen geschätzt. Oder aber Sie haben das beste griechische Restaurant der ganzen Stadt ausgewählt, haben Ihren Status erhöht und gelten von nun an bei ihren Freunden als der neue Szeneguru.

Die »Show des Scheiterns«

Einen hervorragenden Umgang mit Fehlern haben wir bei der »Show des Scheiterns« entdeckt, die vor einigen Jahren erst in Berlin, dann auch in vielen anderen Städten Deutschlands zu sehen war. Die Veranstalter luden jeweils drei »Referenten«

ein, die zunächst zehn Minuten lang von einem Erlebnis erzählten, in dem sie scheiterten, um anschließend in einem 20-minütigen Podiumsgespräch mit den Zuschauern ihr Scheitern zu diskutieren. Am Ende jedes einzelnen Referats gab es eine feierliche Vernichtung, bei der ein symbolischer Gegenstand zerstört wurde. Wenn Sie jetzt denken, dass das ein frustrierender Abend gewesen sein musste, dann haben Sie sich getäuscht. Pustekuchen. Es gab wunderschöne, emotionale, ergreifende und witzige Geschichten. Verliebte, die vom Scheitern einer großen Liebe oder Beziehung erzählten, Manager, die ihre schlimmsten Projekte rekapitulierten und bekannten, was sie alles falsch gemacht hatten. Juristen enthüllten verlorene Prozesse und Autoren gescheiterte Buchprojekte. Das Publikum liebte es, all diese Menschen mit Fehlern auf der Bühne zu sehen. Wir finden diese Showidee super, die sich auch ins normale Leben übertragen lässt.

An Heiligabend treffe ich mich immer mit meinen besten Freunden in einer kleinen Kneipe meiner Heimatstadt zum traditionell bayrischen Frühschoppen mit Weißwürsten und Weißbier. Wir sprechen dann meist über das vergangene Jahr, rühmen uns für unsere Erfolge, schwelgen in Erinnerungen aus unserer gemeinsamen Schulzeit und erzählen uns gegenseitig unsere persönlichen und beruflichen Niederlagen. Was ist im letzten Jahr alles schiefgelaufen? Was hatte nicht so geklappt wie geplant? Diese Misserfolgs-Geschichten sind für uns immer die lustigsten, die spannendsten und die persönlichsten Momente des Zusammenseins. Warum können wir bei diesen Treffen so offen mit unseren Fehlern umgehen? Wir befinden uns in einem sicheren Rahmen, wir kennen uns alle von Kindesbeinen an und keiner muss dem Anderen etwas beweisen. Wir schätzen uns. Die Fehler, die uns passieren, sind nicht lebensbedrohlich. Keiner von uns ist Pilot und für viele Passagiere verantwortlich oder baut Atomkraftwerke. Es geht uns um die kleinen Fehlentscheidungen im Leben, die es zugleich spannend und spontan machen.

Übung 11: Wer wird Fehler-Millionär?

Sie brauchen dazu:
- gute Freunde, denen Sie vertrauen
- viele Fehler, die Sie und Ihre Freunde gemacht haben
- Zettel

Und so geht's:
Veranstalten Sie Ihre private Show des Scheiterns. Jeder schreibt anonym mindestens vier Fehler auf jeweils einen Zettel, die er in seinem Leben begangen hat. Dann werden die Zettel gemischt, und abwechselnd zieht jeder Spieler einen Zettel und liest den Fehler vor. Anschließend geben alle Teilnehmer einen Tipp ab, wer diesen Fehler gemacht hat. Wer richtig rät, erhält einen Punkt. Geben Sie dem Scheitern einen Namen und spielen Sie »Wer wird Fehler-Millionär«.

Was soll das?
Falls Sie es tatsächlich machen sollten, werden Sie ziemlich viel mit Ihren Freunden zu lachen haben und dabei feststellen, dass Fehler zum guten Ton gehören. Beim Fehlerraten wird es Sie vielleicht überraschen, wem die anderen Ihren Fehler noch zugeordnet hätten. Das entspannt ungemein.

Fehler bringen Spaß

Wir lieben Outtakes, also das oft witzige Bildmaterial, das aufgrund eines Fehlers noch einmal gedreht werden muss. Viele Film- und Comedyproduktionen haben erkannt, dass Outtakes ihre sonst unnahbaren Stars menschlicher machen. Warum eine Szene neu gedreht werden muss, kann eine ganz banale technische Ursache haben, sei es, dass ein Tonmikrofon im Bild zu sehen ist oder gerade ein Flugzeug durch einen Historienfilm fliegt. Deutlich witziger hingegen ist, wenn einer der Hauptdarsteller sich verspricht oder ein Stunt danebengeht. Die Outtakes von Jackie-Chan-Filmen, etwa bei »Rush Hour«, sind ein wunderbares Beispiel dafür. Sie sind so etwas wie ein Markenzeichen von Jackie Chan geworden. Ein Hollywoodstar ist sich nicht zu schade dafür, seine Fehler als Filmabspann laufen zu lassen. Auch Michael »Bully« Herbig, Schöpfer der »Bullyparade«, von »Der Schuh des Manitu« und »(T)Raumschiff Surprise – Periode 1«, hat das Potenzial von Outtakes erkannt und sogar eine DVD veröffentlicht, auf der ausschließlich Outtakes aus seinen Produktionen zu sehen sind. Fehler werden dabei zum Produkt und können somit quasi als eigenes Genre betrachtet werden. Einige Animationsfilm-Studios haben das noch auf die Spitze getrieben und für computeranimierte Kinofilme Outtakes produziert, um die virtuellen Hauptdarsteller noch lebendiger und sympathischer zu machen. Dabei kann es in einem Animationsfilm wie »Monster AG« eigentlich gar keine Drehpannen, Versprecher und Fehler der Figuren geben, da sie ja nicht real sind. Outtakes werden in diesem Film zur Kunstform erklärt. Es gibt einen fünfminütigen Abspann mit Bloopers. Die Produktionskosten für den Film betrugen 115 Millionen Dollar, und der

Film dauerte 94 Minuten. Rechnet man das Gesamtbudget des Films auf die fünf Minuten Outtakes um, wurden über sechs Millionen Dollar alleine dafür investiert. Hier werden keine Fehler versteckt, sondern für Geld produziert.

Outtakes gibt es nicht nur bei großen Hollywoodfilmen und Comedyshows, sondern auch von den Nachrichtensendungen des öffentlich-rechtlichen Fernsehens. Mit dem einzigen Unterschied, dass diese Sendungen live ausgestrahlt werden, die Fehler sind also genau so zu sehen gewesen. Pleiten, Pech und Pannen im »heute journal« des ZDF – live und in Farbe. Wie gehen Moderatoren, die vor einem Millionenpublikum sprechen, mit Pannen und Versprechern um? Klaus Kleber versprach sich beispielsweise einmal bei dem Wort »durchschnittlich« und baute den Fehler charmant in seine weitere Moderation ein. Er versteckte seinen Versprecher nicht, sondern hob ihn noch hervor:

»Zweitausend Meldungen produzieren die Agenturen an einem durchschlichtigem_Nachrichtentag. (Kurze Pause.) Ein durchschnittlicher Moderator produziert einen Versprecher pro Ansage ...«

Einen weiteren Fehler, den wir hier vorstellen möchten, haben wir ebenfalls dem »heute journal« zu verdanken. Die Moderatorin Marietta Slomka verheddert sich dabei immer tiefer in ein anscheinend unglaublich kompliziertes Zahlenkonstrukt:

»... Spenden von insgesamt 39 – Pause – 400 – Pause – 39 Millionen – Pause – 409 – Pause – 851 Millionen Euro eingegangen. Was für eine Zahl.«

Wir haben den Ausschnitt jetzt schon so oft gesehen, können aber immer noch nicht genau sagen, welche Zahl sie eigentlich meint.

Wie gehen die beiden Moderatoren mit ihren Versprechern um? Beide bauen ihren Fehler sofort in die Moderation ein, thematisieren ihn und lächeln. Es wird kein Fehler versteckt. Outtakes live und ungeschnitten. Wenn ab jetzt irgendetwas schiefgeht, dann sagen Sie einfach: »Ich drehe gerade Outtakes für meinen Lebensfilm.«

Eine weitere Möglichkeit, mit Fehlern umzugehen, zeigt uns ein Beispiel der »Tagesschau«. Man nehme eine Liveübertragung um 5 Uhr morgens. Die Sprecherin beginnt die Sendung mit den Worten: »Guten Morgen.« Genau in diesem Augenblick kommt ein Herr des Reinigungsteams ins Bild und antwortet freundlich, wie er ist, ebenfalls mit »Guten Morgen«. Die Sprecherin guckt ein wenig irritiert, beginnt dann aber, die Nachrichten zu lesen. Der Putzmann geht offensichtlich davon aus, dass es sich um eine Probe handelt und leert – mitten im Fernsehbild – den Mülleimer neben der Sprecherin. Er wechselt den vollen Beutel und geht in aller Seelenruhe seiner Aufgabe nach. Die Moderatorin macht unbeirrt weiter, ignoriert den Putzmann und die gesamte fehlerhafte Situation. Der Zuschauer bemerkt aber, dass Sie immer wieder kurz davor ist, zu lachen. Nach etwa 20 Sekunden – und 20 Sekunden können lang sein – bemerkt der Putzmann seinen Fehler, er läuft wieder durch das Bild und verschwindet aus dem Studio.

Auch wenn so etwas höchst selten im normalen Leben vorkommt, was lernen wir daraus? Erstens: Man kann Fehler auch einfach komplett ignorieren. Zweitens: Auch bei der »Tagesschau« steht ein Mülleimer unter dem Tisch, der darüber hinaus geleert wird. Uns würde mal interessieren, was man während der Sendung so wegwirft. Schlechte Nachrichten?

Was zu beweisen war: Man kann auch in den schlimmsten Situationen spontan sein. Nachzuschauen bei YouTube: »Putzmann und Tagesschau«.

»Menschen, an denen nichts auszusetzen ist, haben nur einen Fehler. Sie sind uninteressant.«
Zsa Zsa Gabor

Übung 12: Gute Freunde

Sie brauchen dazu:
– wahlweise: Freunde, die Sie mögen/Freunde, die Sie nicht mögen/Kollegen/Ihren Partner/Ihre Partnerin
– 5 bis 15 Minuten Zeit
– Ihr Ja-Buch

Und so geht's:
Eine Denkaufgabe: Welche Menschen in Ihrem Umfeld schätzen Sie besonders? Welche Menschen finden Sie spannend und interessant? Mit wem verbringen Sie gerne Zeit? Sind Ihre besten Freunde und Kollegen perfekt? Oder schätzen Sie die am meisten, die kleine Fehler haben? Notieren Sie die kleinen Fehler Ihrer Freunde und Bekannten in Ihrem Ja-Buch.

Was soll das?
Sie verlieren die Angst vor eigenen Fehlern. Wir sind sicher, dass Sie einige Fehler von guten Freunden schätzen und amüsant finden. Wer sich das vor Augen führt, verändert auch seine Einstellung zu eigenen Fehlern. Sie werden Ihre Fehler vielleicht nicht mehr nur verstecken wollen.

»Menschen die keine Fehler haben, wissen nicht, wo Gott wohnt.« Mit diesem Satz überraschte uns einmal ein Kollege. Sein Schauspiellehrer sagte diesen Satz immer, wenn er jungen Kollegen zusah, die zwar perfekt aussahen und spielten, aber keine Ecken und Kanten hatten.

Menschen mit Fehlern sind interessanter. Kultivieren Sie Ihre Fehler. Es war doch schon in der Schule so: Die Streber konnte man nicht leiden. Menschen, die zu perfekt sind, machen uns Angst. Oder gehörten Sie zu den Strebern?

Fehler machen uns menschlicher, Fehler machen uns spontaner und Fehler bringen Spaß. Hier noch zwei Fehler-Geschichten, an denen wir in leitender Position dabei waren. Viel Spaß …

Wir spielten einmal im Finanzministerium am Tag der offenen Tür und gaben dort stündlich eine Show zum Thema Konjunkturpaket. Am zweiten Tag sollte der damalige Finanzminister zu Gast sein, deshalb hatten wir ihn in die Show mit eingebaut. Natürlich wurde alles vorher genau abgesprochen. Wir wollten den Finanzminister, sobald er mit seiner Entourage um die Ecke bog, begrüßen. Es waren ziemlich viele Kameras auf uns gerichtet, die Agentur war aufgeregt, der Betreuerstab des Ministers war aufgeregt, wir waren aufgeregt. Als der Finanzminister schließlich auf uns zukam, begrüßte ich ihn mit den Worten: »Sehr geehrter Herr Wirtschaftsminister.« Er blieb entspannt und antwortete schlagfertig: »Den Job übernehme ich auch noch.« Im Anschluss an die Show wurde ich gefragt, wie ich auf die mutige Idee gekommen sei, den Finanzminister so aus der Reserve zu locken. Alle waren sichtlich enttäuscht, als sie hörten, dass es »nur« ein Fehler war.

Moderation auf einer Firmenveranstaltung einer großen Baumarktkette. 400 Zuschauer im Saal. Ich war als Moderator einer Podiumsdiskussion in den einzelnen Reihen unterwegs, um Gespräche mit den Mitarbeitern zu führen oder das Mikro an sie weiterzureichen. Nach etwa einer Stunde meldete sich eine jüngere, attraktive Mitarbeiterin, die mitten im Publikum ihren Platz hatte. Sie wartete nicht, bis ich mit dem Mikrofon bei ihr war, sondern begann sofort, ihre Frage zu stellen. Da ich mich mit dem Mikrofon erst zu ihrer Sitzreihe durchkämpften musste, rief ich ihr zu: »Warten Sie kurz auf mich, bei Ihnen kommt man immer so schwer rein ...« Kurze Pause – dann schallendes Gelächter im ganzen Saal. Und ich merkte meinen Versprecher noch nicht mal. Aber gerade mein verstörtes Gesicht – mein Statusverlust – machte die Situation noch komischer und trug zu einer entspannten Diskussion bei.

»Wir mögen Menschen wegen ihrer Qualitäten, doch lieben wir sie wegen ihrer Fehler.«
Grey's Anatomy, Arztserie, ProSieben

Warum sollten Sie Fehler haben? Und wenn doch, wieso sollten Sie darüber reden? Sie möchten schließlich ernst genommen werden. Sie sind doch kein Schauspieler, über den die Kollegen lachen. Figuren aus berühmten Sitcoms wie Al Bundy, Mr. Bean oder Dr. House leben von ihren Fehlern und Macken. Sie mögen ein klein wenig verschroben wirken, aber gerade diese Macken machen sie uns sympathisch. Um mit einem guten Beispiel voranzugehen, möchten wir Ihnen mal unsere Fehler und Macken präsentieren:

Torstens Macken		
genau		navi-
kontrolliert		spießig
technikbesessener Nerd		spontan
		Hamburger

Ralfs Macken		
chaotisch		-tuition
impulsiv		spießig
ungenau		spontan
		Franke

Diese Liste ließe sich natürlich noch beliebig ergänzen, würden Sie unsere Frauen fragen. Als Team stehen wir für Navituition. Einer von uns hat mehr den Plan im Kopf und der Andere folgt stärker seinem Bauch, der Intuition. Wir ergänzen uns deshalb als Spontaneitätsduo. Und jeder lernt vom Anderen und wächst an ihm.

Übung 13: Finden Sie die Macke

Sie brauchen dazu:
– sich selbst
– ein Foto von sich
– einen Zettel
– einen Stift

- Klebstoff
- Ihr Ja-Buch
- etwas Mut

Und so geht's:
Nehmen Sie Ihr Foto und kleben Sie es in Ihr Ja-Buch. Listen Sie daneben alle Ihre Macken und Fehler auf, die Sie an sich kennen. So wie wir es oben vorgemacht haben. Danach ziehen Sie eine Linie vom Fehler/von der Macke zu einem Körperteil, der damit in Verbindung steht. Zum Beispiel: chaotisch – die Linie führt zum Kopf. Unpünktlich – die Linie verweist auf die Uhr am Handgelenk.

Variante für Ehrliche:
Schreiben Sie wirklich alles auf. Alles, auch wenn es wehtut.

Was soll das?
Wir geben Ihnen die Möglichkeit, den Blick auf Ihre Fehler zu überdenken: Welche davon machen mich sympathisch, welche vielleicht sogar einzigartig? Und an welchen möchte ich doch lieber arbeiten? Sie werden feststellen, dass es sich bei der überwiegenden Zahl um Macken handelt, mit denen Sie Anderen vielleicht manchmal auf die Nerven gehen, aber die auf der anderen Seite auch Ihren Charakter ausmachen. Erst wenn Sie Ihre Macken kennen und akzeptieren, können Sie dazu stehen. Eben noch dachten Sie, es sei ein Fehler, und jetzt wissen Sie, dass es sich um eine Macke handelt, die Ihre Persönlichkeit ausmacht. »Selbst-Ehrlichkeit« heißt das Zauberwort – ein wichtiger Schritt auf dem Weg in ein spontaneres Leben.

Wir punkten mit unseren Fehlern, wenn wir auf der Bühne die sichere Showplattform verlassen. Die Zuschauer schätzen, was wir tun, weil wir uns für sie aufs Glatteis begeben. Wir bekommen Vorgaben von ihnen, die wir nicht kennen. Den Zuschauern macht es Spaß, uns scheitern zu sehen, sie lieben es, wenn wir während der Show unsicher sind. Jede Show wird so zu einer einmaligen Uraufführung.

Jetzt wenden Sie möglicherweise ein, dass wir das ja können, schließlich verdienen wir doch unser Geld damit. Sie hingegen würden sofort Ihren Job verlieren. Sie könnten an Ihrem Arbeitsplatz keine Unsicherheit zeigen. Und genau das ist der Punkt: Wirken Sie nicht unsicher oder unvorbereitet, aber seinen Sie offen für Fehler. Machen Sie es wie wir. Machen Sie Ihre Macke zur Marke.

Die Fantastischen Vier. Eine einzige Macke?
»Sie sind nicht gut in dem, was sie können, vielmehr sind sie in den Dingen perfekt, die sie nicht können. Wenn sie vernünftig rappen würden, interessant wären, man sie in Hip-Hop-Kreisen ernst nähme, wenn sie versuchten, mehr zu sein, als sie sind – es würde die Fantastischen Vier längst nicht mehr geben. Die Summe ihrer Makel ist das Geheimnis ihres Erfolgs.«
»Die Welt«, 19.5.2010

Am Ende unserer Show fragen uns die Zuschauer oft, ob wir denn nie Fehler machten. »Doch, andauernd«, entgegnen wir dann. Aber meist werden diese Fehler gar nicht bemerkt. Sie wiegen in unserem Kopf viel schwerer als für das Publikum, das in der Regel gar nicht mitkriegt, dass wir einen anderen

Plan hatten. Niemand achtet darauf, dass einer von uns eine fiktive Tür nach links öffnet, wenn er auf die Bühne kommt, und der andere nach rechts. Den Mitspielern fällt das natürlich auf, dem Publikum nicht. Im richtigen Leben, abseits vom Rampenlicht, ist das nicht anders. Sie merken vielleicht, dass die Dinge anders laufen, als Sie es geplant hatten. Sie vergessen beim Kochen einer leckeren Spaghettisauce eine Zutat, doch nur Sie wissen das. Alle anderen sind trotzdem begeistert.

Und wenn doch alle merken, dass was schiefgelaufen ist? Für solche Fälle empfehlen wir den Woopaa-Trick.

Übung 14: Woopaaaaaaaaaaaaaaaaaaa

Sie brauchen dazu:
- einen Fehler, den Sie gerade gemacht haben
- Ihre Stimme
- Mut

Und so geht's:
Ab sofort feiern Sie Ihre Fehler. Als Kind waren Sie bestimmt mal im Zirkus. Wir haben noch eine lebhafte Erinnerung daran: Selbst wenn ein Kunststück misslang, die Artisten stellten sich in ihren glitzernden Trikots vor das Publikum, die Arme ausgebreitet, und riefen laut »Woopaa!!!«, während sie über das ganze Gesicht strahlten. Sie hatten gerade einen Fehler gemacht und ihn gefeiert. Das geht auch auf der Bühne des Lebens.

Wenn Sie das nächste Mal einen Fehler machen, den Topkunden in der Telefonanlage verlieren oder die Espressomaschine zur Reinigung in ihre Einzelteile zerlegen und nicht mehr zusammengebaut bekommen, dann machen Sie ihn öffentlich. Ob Sie dabei auch »Woopaa!!!« rufen, sei Ihnen überlassen.

Variante für Filmfans:
Sie kennen das vom Film: Misslingt eine gedrehte Szene, wird sie so lange wiederholt, bis sie perfekt im Kasten ist. Der Regisseur ruft: »Alles auf Anfang! Action!«, und die Szene wird noch mal gedreht. Auch Sie haben diese Möglichkeit: Sollten Sie ein Gespräch mit einem Kollegen oder Kunden von Anfang an in den Sand setzen, den Namen Ihres Ansprechpartners vergessen haben oder sich unangenehm versprochen haben, was auch immer, sagen Sie: »Vergessen Sie alles, was Sie eben gehört und gesehen haben, ich komme noch mal rein.« Dann drehen Sie sich um, verlassen das Zimmer, kommen wieder rein und machen diesmal alles richtig. Auch hier bleibt es Ihnen überlassen, ob Sie »Woopaa!!!« ausrufen oder zumindest leise in sich hineinsagen …

Variante für Geldgierige:
Führen Sie in Ihrer Firma, Ihrer Abteilung oder in Ihrem privaten Umfeld eine Fehlerkasse ein. Jedes Mal, wenn irgendwer, Sie inklusive, einen Fehler macht, kommt ein Euro in die Kasse. Und je nachdem, wie Sie sich gemeinsam schlagen, kommt am Endes des Jahres vielleicht eine Menge Geld zusammen, um gemeinsam eine Fehler-Party zu veranstalten und auf die Fehler des Jahres mit einem Lächeln zurückzublicken.

Was soll das?
Sie verlieren die Angst vor Fehlern, gehen spielerischer mit Ihren Fehlern um und stürzen sich damit in neue Abenteuer. Sie lernen, Ihre Einstellung zu Fehlern zu verändern. Sie leben eine andere, neue Fehlerkultur. Manche Fehler sind letztendlich nur eine sympathische Macke. Und bei den anderen Fehlern lohnt es meist nicht, sie zu verstecken, sie werden ohnehin ans Tageslicht kommen. Thematisieren Sie Ihre Fehler, damit sie das werden, was sie sind: Selbstverständlich. Haben Sie Respekt vor Fehlern, aber keine Angst. Feiern Sie Ihre Fehler, und Sie werden mit mehr Spontaneität belohnt.

> Während der Deutschen Meisterschaft der deutschen Improtheater-Ensembles gab es einen legendäres Match zwischen der Improgruppe »Fast Food« aus München und Gruppe »Drama Light« aus Mannheim. Bei so einem Match spielen beide Ensembles zusammen auf der Bühne, und das Publikum darf darüber abstimmen, welches ihnen besser gefallen hat. Einer der Schauspieler von »Fast Food« wollte in einer römisch angehauchten Szene sagen: »Nimm diesen spitzen Dolch.« Er verhaspelte sich jedoch und sagte stattdessen: »Nimm diesen Stolch.« Sein Gegenspieler übernahm den Fehler umgehend, ohne ihn zu verbessern, und entgegnete: »Mit diesem Stolch willst du mich ermorden?« Es entstand eine wunderbare Szene, die von einem Fehler, dem Stolch, getragen wurde.

Wenn uns jemand fragt, warum die Zuschauer über uns lachen, dann antworten wir immer: »Wir stehen zu unseren Fehlern und wir haben keine Angst vor ihnen.« Wir verlassen die sichere Plattform, gehen ins Risiko und zelebrieren unsere Fehler, so dass die Zuschauer darüber lachen. Wir würden nicht über uns sagen, wir seien witzig. Keiner von uns hat ein Stand-up-Programm parat oder kann mit auswendig gelernten Witzen punkten. Wir haben lediglich erkannt, dass Fehler Spaß machen und dadurch etwas Neues entsteht und haben das für die Bühne perfektioniert. Das funktioniert aber genauso im Alltags- und Berufsleben.

Also los: Geben Sie Ihren Fehlern und Macken einen Namen. Fangen Sie an, mit ihnen zu trainieren. Wo können Sie Fehler zulassen? Wir schlagen vor, sich ein Umfeld zu suchen, das Fehler zulässt. Wenn Ihnen kein Bereich einfällt, dann legen Sie sich ein Hobby zu, von dem Sie überhaupt keine Ahnung haben. Also auch nicht ein bisschen Ahnung. Für uns würde da Curling, Töpfern, Seidenmalerei, Kamasutra oder Tontaubenschießen in Betracht kommen. Eine andere Möglichkeit ist, sich in der örtlichen Volkshochschule zu einem Wochenendkurs für ein Thema anzumelden, von dem Sie wiederum keine Ahnung haben. Und dann stürzen Sie sich in dieses Fehler-Abenteuer. Es gibt vieles, was Sie dabei lernen können. Am ersten Tag kennt Sie keiner, am zweiten Tag kennen Sie alle. Sie sind der Mensch, der sich traut, Fehler zu machen. Hallo Fehler, hier bin ich!

Übung 15: VHS-Roulette

Sie brauchen dazu:
– sich selbst
– ein aktuelles Programm Ihrer örtlichen Volkshochschule (VHS)

Und so geht's:
Melden Sie sich nach dem Keine-Ahnung-wie-der-Kurs-ausgesprochen-wird-Prinzip zu einem Wochenendkurs in Ihrer örtlichen Volkshochschule an. Oder nehmen Sie einfach den Kurs, der Sie am wenigsten interessiert oder sich am langweiligsten anhört. Sie können auch eine beliebige Seite aufblättern und per Fingersuchsystem einen Kurs orakeln. Besuchen Sie den Kurs und verabschieden Sie sich von der Erwartung an sich selbst, alles richtig zu machen. In diesem Kurs ist jeder Fehler erlaubt.

Was soll das?
Da Sie nichts erwarten, können Sie in einem sicheren Rahmen Fehler machen. Das Beste daran ist: Sie wissen nicht, was auf Sie zukommt. Sie haben keinen Plan von diesem Kurs und verlassen sich nur auf Ihre Intuition.

Auch andere Menschen machen Fehler. Wir haben ein paar herausragende Pannen-Anekdoten für Sie zusammengestellt. Allen ist eines gemeinsam: Die Menschen, von denen hier die Rede ist, haben zwar Fehler gemacht, sahen darin aber letztlich eine Chance, erfolgreich zu sein.

Wir schreiben das Jahr 2004. Unzählige Laptops und Notebooks gehen kaputt, weil Benutzer über Stromkabel stolpern und das schöne Gerät auf den Boden fällt. Kleine Kinder ziehen an spannenden Kabeln, weil Papa oder Mama den Laptop auf dem Küchentisch zum Aufladen abgestellt hat. So oder ähnlich wird es auch Mitarbeitern von Apple gegangen sein, als sie auf die Idee kamen, die Stromverbindung bei den MacBooks auf magnetische Stecker umzustellen. Sobald man am Kabel zieht, löst sich der Stecker einfach ab. Wie viele Computer wurden dadurch gerettet? Und wie viele Kinder, weil ihnen der Laptop nicht auf den Kopf fiel? Jemand rechnet mit dem Fehler des Benutzers, und eine neue Erfindung entsteht daraus. Perfekt.

Im September 1928 entdeckte der schottische Bakteriologe Sir Alexander Fleming das Penizillin. Doch eigentlich war ein Fehler für diese Entdeckung verantwortlich. Alexander Fleming experimentierte in seinem Labor am St. Mary's Hospital in London. Er verschloss eine Probe nicht richtig und nach der Rückkehr aus den Sommerferien entdeckte er, dass eine seiner Bakterienkulturen von den Sporen eines Schimmelpilzes befallen worden war. Anstatt seinen Fehler zu vertuschen und die Proben zu entsorgen, beschäftigte er sich eingehender mit seinem Fehler und bemerkte, dass überall, wo der Pilz sich ausgebreitet hatte, keine Bakterien angesiedelt waren, und dort, wo welche gewesen waren, diese sogar eingegangen waren. Alexander Fleming legte damit den Grundstein für das heutige Antibiotikum. Fleming wurde 1944 geadelt und durfte sich fortan »Sir Alexander Fleming« nennen. 1945 erhielt er zusammen mit H. W. Florey und E. B. Chain den Nobelpreis für Medizin »für die Entdeckung des Penizillins und seiner heilenden Wirkung bei verschiedenen Infektionskrankheiten«.

Jeder Mensch macht Fehler, auch die Götter in Weiß. Wir haben im Netz einen spannenden Medizinerblog mit dem Titel: www.jeder-fehler-zaehlt.de gefunden. Der Untertitel macht die Seite für uns Laien klarer. »Fehlerberichts- und Lernsystem für Hausarztpraxen.« In diesem Blog schreiben Ärzte und Angestellte von Arztpraxen anonym über Fehler, die ihnen bei ihrer täglichen Arbeit passiert sind. Es gibt den Fehler des Monats statt den Mitarbeiter des Monats. Wesentlich ist auch hier: Fehler werden grundsätzlich akzeptiert. Es gibt sie, aber man lernt aus ihnen.

Showmaster und Entertainer Stefan Raab hat einen ziemlich guten Ansatz, mit Fehlern umzugehen. »Stern Online« hat das in einem Artikel treffend formuliert: »Er hat eine Idee. Er probiert sie aus. Sie gelingt – wunderbar, machen wir eine Show draus. Sie gelingt nicht – gut, dass wir das wissen, weiter geht's. Niemand sonst im deutschen Fernsehen steckt so viel Energie und Kreativität in das Medium, das in diesem Lande am liebsten auf Bewährtes setzt.« Stefan Raab arbeitet nach dem Prinzip von Trial and Error. Er probiert aus und rechnet mit Fehlern. Die sehr erfolgreiche »WOK-WM«, in der Prominente mit einem modifizierten asiatischen WOK statt mit einem Bob durch einen Eiskanal fahren, entstand zum Beispiel aus einer Wette bei »Wetten, dass …?!«

Fehler sind etwas, womit Sie immer rechnen müssen. Bei unseren Shows sind Fehler Geschenke, die uns helfen, spontan zu reagieren. Inzwischen handeln wir auch im täglichen Leben nach dem gleichen Prinzip. Wir sind offen für eigene und fremde Fehler. Dabei halten wir uns an das folgende Zitat.

> *»Jeder Plan ›muss‹ falsch sein, da nie alle Faktoren bekannt sein können.«*
> Ruth Cohn, Psychologin

Für uns ergibt sich daraus der Leitspruch: »Wir machen jeden Tag Fehler, und wenn nicht, ist etwas schiefgelaufen.« Dieser Satz hat uns von dem Druck befreit, immer perfekt sein zu müssen. Wir werden nicht spontan handeln, wenn wir Angst davor haben, einen Fehler zu machen. Wer spontan handelt, macht Fehler und übernimmt Verantwortung dafür, egal ob daraus eine großartige Erfindung entsteht oder etwas für die Mülltonne. Sie müssen den Umgang mit Fehlern für sich neu definieren.

Übung 16: Geben Sie uns Ihre Fehler

Sie brauchen dazu:
- sich selbst
- einen oder mehrere Fehler
- einen Computer mit Internetanschluss
- Ihr Ja-Buch

Und so geht's:
Schreiben Sie Ihre Fehler in Ihr Ja-Buch, die schönsten und die schlimmsten, in den schillerndsten Farben ... Oder schicken Sie uns Ihre Fehlergeschichten (Adresse auf www.total-spontan.de).

Variante für Blogger:
Verkünden Sie Ihre Fehler in Ihrem Internetblog, auf Facebook, bei XING, LinkedIn, studiVZ oder in welcher Community Sie auch immer sind. Machen Sie es wie die Vögel auf dem Dach, twittern Sie Ihre Fehler in die Welt. Das Feedback wird Sie erstaunen.

Was soll das?
Sie werden merken, dass Ihre Fehler gar nicht so schlimm sind, wie sie im Moment erscheinen, wenn sie erst einmal aufgeschrieben sind. Sie werden über Ihre Fehler lachen. Vielleicht nicht sofort, aber mindestens ein bisschen später. Die eigenen Fehler zu reflektieren, sorgt außerdem dafür, sie in Zukunft zu vermeiden.

Die Angst vor Fehlern führt dazu, dass Sie alles ganz genau abwägen möchten und sich schließlich vor Entscheidungen drücken. Frei nach der Devise: »Bevor ich mit meiner Entscheidung eine eventuelle Katastrophe auslöse, mache ich mal lieber gar nichts.« Aber gar nichts machen ist nicht sehr spontan. Vielleicht kennen Sie das: Sie sitzen im Auto, möchten Freunde besuchen und können sich nicht entscheiden, welche Route Sie nehmen. An der nächsten Kreuzung müssen Sie sich entscheiden. Die Kreuzung kommt auf Sie zu. Sie werden immer langsamer, hinter Ihnen staut sich eine Autoschlange, Sie fahren fast Schrittgeschwindigkeit, um Zeit für Ihre Entscheidung zu schinden. Die ersten Autos hupen. Der Druck wird größer, aber Sie können sich einfach nicht entscheiden. Wenn wir aus Angst vor der falschen Entscheidung die Entscheidung hinausschieben, wird der Druck – wie die Autoschlange hinter Ihnen – immer größer. Wir verschwenden dann viel Energie damit, den Druck auszuhalten, statt die Entscheidung zu fällen. Je eher Sie sich entscheiden und auf Ihren Bauch hören, desto mehr Energie und Stress ersparen Sie sich. Spontane Entscheidungen lösen die Lähmung und bringen Sie weiter.

Fazit: Sie müssen sich entscheiden und wenn Sie das getan haben, dann hören Sie auf zu grübeln, ob das jetzt ein Fehler war oder die Alternative doch die bessere Entscheidung gewesen wäre. Es macht Sie nur unglücklich, belastet Sie, frisst Ihre Ressourcen. Sie haben es getan, Sie haben »Ja« gesagt. Sie können es im Augenblick nicht rückgängig machen. Trainieren Sie Ihre spontanen Entscheidungen in nicht so wichtigen Situationen. Kaufe ich dieses Kleid oder das andere, stelle ich mich im Supermarkt in der Schlange an Kasse 1, 6 oder 7 an, wohin gehe ich essen, welchen Film schaue ich mir im Kino an? Diese Alltagssituationen bereiten Sie auf größere Entscheidungen vor. Irgendwann müssen Sie reagieren, und meistens wissen Sie genau, wann der Moment für die Entscheidung gekommen ist. Zögern Sie ihn nicht hinaus. Stehen Sie zu dem potenziellen Fehler und übernehmen Sie Verantwortung. Entscheiden Sie sich.

Viele Fehler existieren oft nur in unserem Kopf, ohne dass irgendwer etwas davon bemerkt. Unser eigenes Kopfkino steht uns im Weg. Dort werden aus kleinen Fehlern Riesenprobleme, wie es eben so ist im Kino. Paul Watzlawick beschreibt in seinem Buch »Anleitung zum Unglücklichsein«, wie ein solcher Film in unserem Kopf abläuft:

»Ein Mann will ein Bild aufhängen. Den Nagel hat er, nicht aber den Hammer. Der Nachbar hat einen. Also beschließt unser Mann, hinüberzugehen und ihn auszuborgen. Doch da kommen ihm Zweifel: Was, wenn der Nachbar mir den Hammer nicht leihen will? Gestern schon grüßte er mich nur so flüchtig. Vielleicht war er in Eile. Vielleicht hat er die Eile nur vorgeschützt, und er hat was gegen mich. Und was? Ich habe ihm nichts getan; der bildet sich da etwas ein. Wenn jemand von mir ein Werkzeug borgen wollte, ich gäbe es ihm sofort. Und warum er nicht? Wie kann man einem Mitmenschen einen so einfachen Gefallen abschlagen? Leute wie dieser Kerl vergiften das Leben. Und dann bildet er sich noch ein, ich sei auf ihn angewiesen. Bloß weil er einen Hammer hat. Jetzt reicht's mir wirklich. – Und so stürmt er hinüber, läutet, der Nachbar öffnet, doch bevor er ›Guten Tag‹ sagen kann, schreit ihn unser Mann an: ›Behalten Sie Ihren Hammer.‹«

Ich hatte neulich auch so eine Kopfkino-Situation. In einem Hamburger Thai-Imbiss sprach mich eine Frau an. Ich konnte mich aber beim besten Willen nicht daran erinnern, woher ich sie kannte. Ich wusste nur, dass ich sie kenne. Sie fragte fröhlich, wie es mir ginge, ich aber stand total verkrampft vor ihr und stammelte vor mich hin. Wir unterhielten uns über belanglose Dinge. Ich wollte nicht zugeben, dass ich keine Ahnung hatte, wer sie war. Und gleichzeitig ging, während ich so redete, in meinem Kopf ein schlechter Film los: Was denkt die jetzt von mir? Ist das eine Bekannte meiner Frau oder war sie mal in einem Workshop? Nein, das war es auch nicht. Die hält mich jetzt bestimmt für den totalen Vollhonk. Gleich fällt es mir ein. Mann, bin ich verkrampft. Ich muss mich zusammenreißen. Die ist bestimmt von einer Agentur und bucht mich nie wieder. Hatte ich mal was mit ihr?
Ich werde wahrscheinlich nie erfahren, wer sie war. Und hätte sie mich für einen Job buchen wollen, dann habe ich das gründlich vermasselt. Nur weil ich Angst hatte, meinen Fehler zuzugeben, und mit jedem Wort, das ich zu ihr sagte, noch mehr Fehler zu machen. So viel zu meiner eigenen Spontaneität. Sollte mir das noch mal passieren, frage ich sofort nach dem Namen und erspare mir das Kopfkino.

> *»In Fehler führt uns die Flucht vor Fehlern.«*
> Horaz, römischer Dichter

Spielen Sie eine solche Situation einmal für sich selbst durch. Wann startet Ihr persönlicher Film im Kopf? Der Auslöser ist immer die Angst, einen Fehler zu begehen, sei er auch noch so klein. Der Film blockiert Ihre Spontaneität. Sie sind nur noch mit Ihrer eigenen negativen Selbstwahrnehmung beschäftigt. Der Film belegt Ihren kompletten Spontaneitätsarbeitsspeicher. Da ist es wieder, das Kaninchen, und die Schweinwerfer kommen auf Sie zu. Entscheiden Sie sich. Springen Sie nach links oder rechts. Stehen bleiben ist auf jeden Fall die falsche Lösung. Wenn Sie im Kleinen beginnen, spontan zu entscheiden, und Fehler zulassen, werden Sie das über kurz oder lang auch bei großen Entscheidungen tun. Wir wissen, wovon wir sprechen. Wir beide haben die Grübelphase mittlerweile auch bei schwer wiegenden Entscheidungen dramatisch verkürzt. Wir übernehmen die Verantwortung für mögliche Fehler. Wenn unsere Entscheidung am Ende doch ein Fehler gewesen sein sollte, hadern wir nicht mehr mit der getroffenen Entscheidung und verschwenden eine Menge Energie, sondern prüfen mit voller Kraft, wie sich die Situation optimieren ließe. Wir treffen – wenn notwendig – eine neue Entscheidung mit oder ohne Fehlerpotenzial. Statt in der Situation handlungsunfähig zu sein, versuchen wir mit etwas Abstand, einen Blick zurück auf unsere Entscheidungen zu werfen und sie zu analysieren. Das trainiert unsere Intuition und unser Bauchgefühl.

Wenn wir durch die Tür gehen und kein Sofa im Raum entdecken, schauen wir, was der Raum noch alles zu bieten hat. Wir nutzen alles, was wir finden können, und gestalten daraus eine neue Komfortzone. Auf jeden Fall gehen wir nicht wieder zurück. Wir nehmen den Raum, wie er ist. Rechnen Sie mit Ihren eigenen Fehlern, mit den Fehlern Ihrer Kollegen,

Freunde und Partner. Das Leben macht deutlich mehr Spaß, wenn Sie sich und anderen Fehler erlauben.

 **Übung 17:** **Spielen Sie Risiko**

Sie brauchen dazu:
- sich selbst
- einen Kollegen
- einen Kunden
- eine Präsentationssituation

Und so geht's:
Machen Sie doch mal ganz bewusst Fehler in einem Vortrag oder einer Präsentation. Bauen Sie zum Beispiel eine Seite in Ihre Unterlagen ein, die da gar nicht hingehört, und zwar so, als seien Sie selbst davon überrascht. Freuen Sie sich, wenn jemand den Fehler entdeckt, und achten Sie mal darauf, wie derjenige sich darüber freut. Oder wundern Sie sich, falls keiner ihn bemerkt.

Bei so manchem langweiligen Vortrag hat ein Fehler letztendlich alle Zuhörer wieder aufwachen lassen. Einer unserer Kollegen hat bei Kundenpräsentationen seinen Bildschirmschoner immer so eingestellt, dass nach einiger Zeit Bilder von seinem Urlaub erscheinen. Dieser scheinbare Fehler erlaubt ihm, mit dem Kunden auf einer privaten Ebene zu kommunizieren und damit die persönliche Bindung zu stärken.

Was soll das?
Diese Übung ist ein wunderbares Training, um mit Fehlern umgehen zu lernen. Lassen Sie sich von Ihren selbst program-

mierten Fehler-Zeitbomben überraschen. Sie müssen spontan reagieren und Sie werden spontan reagieren, denn eine Störung befördert Sie von einer Sekunde auf die andere in die Welt der Spontaneität. Es bleibt Ihnen gar nichts anderes übrig. Sie gehen aufmerksamer und wacher in Ihre Präsentation, da Sie das Unerwartete erwarten. Schließlich wissen Sie nicht, wann der Fehler bemerkt wird und was danach geschieht. Fehler können eine Chance sein.

Treten Sie mit uns in Fettnäpfchen, lernen Sie, Ihre Fehler zu genießen. Fehler werden ab jetzt Ihr ständiger Begleiter sein. Starten Sie Ihre persönliche Fehlerkampagne, denken Sie daran, dass jeder Fehler Sie noch spontaner macht. Und wenn etwas schiefgeht, geben Sie uns die Schuld. Dann war es eben ein Fehler, unser Buch zu kaufen. Und damit Sie auch noch etwas dazugelernt haben: In Zukunft einfach keine Bücher mehr kaufen.

Die tun ja gerade so, als seien Fehler nicht schlimm und als könnte man ab sofort jeden Tag so viele Fehler machen, wie man will ... Das ist natürlich Quatsch. Wir geben Ihnen keinen Fehler-Freibrief. Sie können nicht einfach losziehen, nur noch Mist bauen und alles auf uns schieben: »Ich habe das Buch von Ralf Schmitt und Torsten Voller gelesen. Ich darf das.« Nein, nein und nochmals nein. Sie dürfen ab sofort entspannter mit Ihren Fehlern umgehen. Aber einfach nur Fehler machen und anderen damit auf die Nerven gehen oder jemanden gefährden, ist verboten. Vor allem, wenn Sie der Pilot des Flugzeugs sein sollten, in dem wir demnächst sitzen.

Bis hierher haben Sie hoffentlich auf uns gehört und sagen mittlerweile »Ja« zu unerwarteten Situationen. Sie entscheiden aus dem Bauch heraus und haben sich sogar darauf eingelassen, dass Ihre spontane Entscheidung womöglich ein Fehler sein könnte. Sie haben aber beim besten Willen kein neues Penizillin entdecken können und auch keine neue TV-Show entwickelt. Sie haben einfach nur etwas verbockt und stehen nun vor einer neuen unerwarteten Situation, auf die Sie reagieren müssen. Perfekt. Dieser Fehler trainiert Ihre Spontaneität. Wenn Sie Lust bekommen haben, dann gehen Sie jetzt raus, sind spontan und machen Fehler. Sie können natürlich auch gerne noch ein wenig weiterlesen. Viel Spaß beim nächsten Kapitel!

Das ganze Buch für Schnellleser: Teil 2

*»Mach Fehler und
genieße es.«*

Lesen Sie weiter auf Seite 241.

Regel Nr. 3: Hör auf zu planen und sei offen für jeden Moment

Sie haben »Ja« gesagt und die Tür in die Welt der Spontaneität geöffnet. Sie sind todesmutig durch die offene Tür gegangen, ohne zu wissen, ob hinter der Tür ein Sofa, King Kong oder irgendein anderes Monster auf Sie wartet. Sie lassen sich überraschen, und das sogar freiwillig. Sie haben in Kauf genommen, keinen blassen Schimmer zu haben, was hinter der Tür auf Sie wartet. Wird es ein Fehler sein, wird es kein Fehler sein? Wie auch immer. Sie sagen »Ja« zu der Situation, die Sie vorfinden. Hadern und Zaudern macht in dem Moment sowieso keinen Sinn mehr, denn

Spontaneität ist ja das, was jetzt passiert. Das heißt, Sie müssen auch jetzt reagieren und spontan sein. Nur eins haben wir bislang nicht geklärt: Wie finden Sie die Tür eigentlich?

Die ersten beiden Regeln ermöglichen Ihnen, »Ja« zu sagen und Fehler zuzulassen. Mithilfe der dritten Regel »Hör auf zu planen und sei offen für jeden Moment« werden Sie erkennen, dass es auch noch andere Optionen gibt als die ausgetretenen Anti-Spontaneitäts-Wege. Sie nehmen die Türen, an denen Sie bisher vorbeigelaufen sind, bewusst wahr. Im Moment zu sein bedeutet, unerwartete Situationen selbst zu entdecken und zu trainieren.

Douglas Adams, britischer Science-Ficion-Autor und Verfasser der satirischen Trilogie in sechs Teilen »Per Anhalter durch die Galaxis«, hat neben vielen verrückten Geschichten auch einige bedenkenswerte Wahrheiten und Weisheiten in seinen Büchern formuliert. So beschäftigt er sich unter anderem damit, wie man Dinge unsichtbar macht. Man müsse um sie herum nur ein sogenanntes »PAL-Feld« aufbauen. Ein »Problem-Anderer-Leute-Feld«. Er stützt sich dabei auf den Hang vieler Menschen, in allem ein Problem anderer Leute zu sehen. Wir sehen die Dinge nicht, die wir nicht sehen wollen, nicht erwartet haben oder nicht erklären können. Ich kenne dieses Phänomen sehr gut. Es gelingt mir zuhause hervorragend, meine herumliegenden Socken und Hosen unsichtbar zu machen. Da die abgelegten Kleidungsstücke auf dem Fußboden für mich kein Problem darstellen, sehe ich sie auch nicht mehr. Es ist ein Problem anderer Leute, in diesem Fall von meiner Frau. Leider ist es mir noch nicht gelungen, mein PAL-Feld auch auf meine Frau auszuweiten, daher sieht sie meine hingeworfenen Klamotten immer.

Genau so ein »PAL-Feld« scheinen viele Menschen um sich herum aufgebaut zu haben, wenn es darum geht, sich auf Neues einzulassen. Kommen Ihnen Standardsätze wie diese bekannt vor: »Das machen wir doch immer so!« Oder: »Den Weg bin ich noch nie gegangen, dann mache ich es heute auch nicht!« Oder auch: »Das ist nicht mein Problem. Sehe ich nicht. Mache ich nicht.«

Schalten Sie Ihr eigenes »PAL-Feld« ab und richten Sie Ihren Blick auf die Türen, hinter denen sich vielleicht etwas Unerwartetes verbirgt. Die Auseinandersetzung mit dem Unerwarteten trainiert Sie und macht Sie spontan. Im Moment zu sein bedeutet, alles um sich herum in genau diesem einen Moment wahrzunehmen. Saugen Sie wie ein Schwamm alles in sich auf. Damit trainieren Sie, schnellstmöglich herauszufinden, was Ihnen in einer spontanen Situation zur Verfügung steht.

Übung 18: Entdeckertour

Sie brauchen dazu:
– sich selbst
– Ihre Augen
– einen altbekannten Weg

Und so geht's:
Diese Übung ist eine Variation der Übung 10 »Das Konto ›Erlebnispunkte‹ auffüllen«. Es geht jetzt darum, neue Wege entdecken zu wollen (auch für den Fall, dass Sie noch immer auf Ihren Anti-Spontaneitäts-Wegen unterwegs sind). Versuchen Sie auf einem Weg, den Sie regelmäßig gehen und sehr gut kennen, jedes Mal etwas Neues zu entdecken, etwas, das Sie vorher noch nie gesehen haben. Je öfter Sie die Strecke gehen, desto schwieriger wird das. Alles ist erlaubt: Eine neue Auslage in einem Schaufenster, ein Baum, der sich mit den Jahreszeiten verändert, ein Auto, das in einer Einfahrt parkt …

Variante für Fortgeschrittene:
Besonders viel lässt sich entdecken, wenn man seinen Blickwinkel ändert. Schauen Sie sich mal einen Tag lang nur Dächer an und an einem anderen nur Haustüren.

Was soll das?
Im Moment zu sein ist so verdammt schwer. Wir gehen immer die gleichen Wege und wissen meist, was gleich kommt. Aus diesem Grund fangen wir automatisch an zu planen: »Hm, da vorn der Bäcker, ich muss Brötchen holen, und da der Zeitungskiosk, hoffentlich haben die noch meine Tageszeitung, und da parkt der VW-Bus von meinem Freund, er ist also schon zuhause, ob er den Tisch schon gedeckt hat? …

Mit unserer Wahrnehmung verhält es sich wie mit dem nachfolgenden Bild. Wir sehen ein weißes Dreieck, das aber gar nicht da ist. Wenn wir im Moment sind und genau hinschauen, erkennen wir drei angeschnittene Kreise und drei Winkel, aber kein Dreieck.

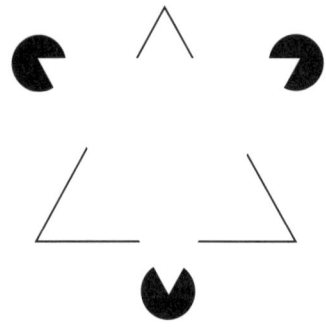 Wir müssen unser Gehirn aktiv trainieren, wieder im Moment zu sein und neue Dinge wahrzunehmen, statt den alten Anti-Spontaneitäts-Sichtweisen zu vertrauen. Erweitern Sie Ihre Wahrnehmung, um irgendwann in unerwarteten Situationen alles, was JETZT da ist, nutzen zu können.

 **Assoziations-Alarm**

Was sehen Sie? Kreise oder einen Menschen?

»Die Mitglieder der Gastmannschaft müssen immer dick sein, sonst dürfen sie nicht mitspielen.«

(Gefunden an der Tür zum Umkleideraum einer alten Schulturnhalle)

In der Regel nehmen wir alles um uns herum nur begrenzt wahr, da wir den Kopf voller Pläne für die nächsten 30 Minuten haben.

Ah, da vorne ist der Supermarkt, da muss ich gleich noch was einkaufen. *Die hervorragende neue Bäckerei auf dem Weg zum Supermarkt haben Sie nicht bemerkt.*

Im Supermarkt: Gleich hinter den Saftkartons sind immer die Sonderangebote, mal sehen, was die heute anbieten. *Und Sie bemerken gar nicht, dass es neuerdings Ihren Lieblingssaft, den Sie sonst ganz woanders kaufen müssen, im Sortiment gibt.*

An der Kasse wird weiter geplant: Ich muss gleich noch das Auto volltanken. *Und es fällt Ihnen gar nicht auf, dass Ihr Nein-Kollege auf dem Parkplatz mit Ihrer Frau knutscht.*

Und wenn ich gut durch den Berufsverkehr komme, kann ich beim Blumenladen vor Ladenschluss für meine Frau noch schnell ein paar rote Rosen kaufen. *Und Sie merken nicht, dass es dafür schon zu spät ist.*

Bei all dem Planen und Vorbereiten übersehen wir so viele Dinge, die uns genau in dem Moment zur Verfügung stehen. Vielleicht hätten Sie in der Bäckerei die entzückende Verkäuferin kennen gelernt, hätten Ihre Frau auf dem Parkplatz erwischt, wären trotzdem zum Blumenladen gefahren, hätten rote Rosen gekauft, um sie der entzückenden Verkäuferin in der Bäckerei zu schenken. Happy End.

Unsere eigenen Pläne und das, was wir von unserer Umwelt erwarten, hindern uns daran, die spontane Seite in uns zu entdecken. Es ist ja auch wirklich gemein. Da hält sich doch einfach das Leben, die Welt, das Universum, Gott oder wer auch immer hinter allem steckt, nicht an die schönen Pläne, die wir uns im Kopf so perfekt zurechtgelegt haben. Was fällt der Welt ein, nach Jahren, in denen es nur Monate im Matsch ohne echtes Winter-Feeling gab, plötzlich wieder einen echten Winter zu veranstalten mit – »Überraschung, Überraschung« – viel Neuschnee und vereisten Straßen? Und dabei hatten Sie doch dieses Jahr geplant, sich keine Winterreifen zu kaufen. Oder gerade, wenn Sie Ihre Verwandtschaft in Italien besuchen wollen, zieht über Europa eine riesige Aschewolke. Wen können Sie jetzt für den ausgefallenen Flug verklagen? Gott? Die Erde? Island? Den Vulkan?

Was, wenn Sie planen, im Frühsommer nach Mallorca zu reisen, um die Sonne zu genießen, und als Sie dort ankommen regnet es die ganze Zeit? Dann hätte man doch gleich nach Schweden fahren können und eine ganze Menge Beziehungsstreit vermieden.

Das Ganze kann natürlich auch umgekehrt passieren, also nicht nur in der negativen Version, sondern in der positiven. Gerade wenn man denkt, die Angebetete ruft nicht mehr an, steht sie plötzlich vor der Tür. In dem Moment, wo man alle seine Bewerbungsmappen verschickt und nur Absagen bekommen hat, führt ein kleines Gespräch mit einem fast vergessenen Freund dazu, dass man einen neuen Job bekommt. Und das Verrückte: Genau über diesen Freund hat man am Tag zuvor noch mit jemand anderem gesprochen. Und dann trifft man genau diesen alten Freund in der Fußgängerzone zwischen Buchladen und Elektromarkt. Erkannt hat man sich aber nur, weil jeder mit offenem und neugierigem Blick durch die Stadt gegangen ist.

Wann immer Ihnen das so geht, sind Sie einfach im Moment gewesen und haben Ihren eigentlichen Plan mal kurz vergessen. Der Moment steckt voller Chancen! Aber leider sind all diese Chancen nicht planbar, denn es wird Ihnen niemand vorher Bescheid sagen.

 Übung 20: Biografien für Passanten ausdenken

Sie brauchen dazu:
– sich selbst
– Sommer
– ein Café oder eine Bank in einem Park

Und so geht's:
Sie setzen sich gemütlich auf die Terrasse eines Cafés oder auf eine Parkbank, wo viele Menschen vorbeigehen. Sie suchen sich einen Passanten Ihrer Wahl aus, der gerade vorbeikommt, und überlegen sich eine Kurzbiografie. Die folgende Fragenliste, die Sie gern erweitern können, dient Ihnen als Hilfestellung:

Wie heißt der Mensch?
Wo kommt er her?
Wo geht er hin?
Was ist er von Beruf?
Was ist sein Geheimnis?

Variante für Paare:
Wenn Sie zu zweit sind, können Sie sich auch Paare aussuchen und für beide eine Biografie erfinden. Oder Sie entscheiden sich beide für dieselbe Person und vergleichen Ihre Ergebnisse. Was stimmt überein? Wo haben Sie ein völlig anderes Leben skizziert?

Was soll das?
Nicht vergessen: Diese Übung soll – wie alle anderen auch – Spaß machen. Trauen Sie sich einfach mal, wildfremde Menschen ganz schnell in Schubladen zu packen. Sie können sie ja aus der Schublade wieder rausholen, sollten Sie sie persönlich kennen lernen. Mit dieser Übung trainieren Sie, genau hinzuschauen, und alles, was in diesem Moment an Informationen zur Verfügung steht, zu nutzen. Welche Indizien geben Aufschluss über ein Geheimnis? Ist die Kleidung vielleicht ein Hinweis auf den Beruf? Sie üben in sehr kurzer Zeit, schnell

und spontan zu einer Einschätzung zu kommen. Bei diesem Spiel ist es darüber hinaus vollkommen belanglos, ob Sie einen Fehler machen. Sie haben wenig Zeit, sich zu entscheiden. Entwickeln Sie ruhig absurde Biografien, vielleicht gibt es in Ihrer unmittelbaren Nähe ja Atomforscher oder Geheimagenten.

Ungeplant, aber nicht planlos

Es könnte der Eindruck entstehen, dass spontane Menschen planlos durch die Welt spazieren und ihr Leben etwas chaotisch und anarchisch nach spontanen Ideen ausrichten. Als lebten sie immer und überall nur im Moment, vielleicht sogar von der Hand in den Mund. Eine interessante Vorstellung, aber falsch, denn in der Welt, in der wir leben, ist das nicht immer umsetzbar. Wir haben Verpflichtungen, müssen Geld verdienen und uns an Regeln halten. Andere Menschen haben Erwartungen an uns, die wir zumindest teilweise erfüllen sollten. Damit es gelingen kann, im Moment zu sein, ist es wichtig, die richtige Balance zwischen Ihrem »Masterplan« und Ihrer Fähigkeit, den Augenblick zu leben, zu behalten.

Unter dem Masterplan verstehen wir Ihre gesammelten Ziele, Wünsche und Gewohnheiten. Ein Teil Ihres Masterplans könnten zum Beispiel Ihre beruflichen Karriereabsichten sein. Möchten Sie die Abteilung, in der Sie arbeiten, irgendwann leiten oder sogar der Chef der Firma werden? Oder sind Sie mit Ihrem augenblicklichen Arbeitsplatz ganz zufrieden? Wie stellen Sie es an, Ihre Karriere voranzutreiben oder aber Ihre derzeitige Position zu festigen? Sie werden sich dazu Gedanken gemacht haben und entsprechend handeln. Der Masterplan ist eine auf einen längeren Zeitraum angelegte Leitlinie, deren Umsetzung Sie sich genau überlegt haben.

Ein anderer Masterplan könnte beinhalten, dass Sie in den nächsten fünf Jahren in eine größere Wohnung ziehen möchten, die Sie mieten oder sogar kaufen. Vielleicht möchten Sie einmal drei Kinder haben oder wollen, weil Sie sehr sportlich sind, vor Ihrem 30. Geburtstag mit einem Freund Deutschland auf Inline-Skates von Flensburg bis Friedrichshafen durchqueren. Wie auch immer Ihr Masterplan aussieht, verlieren Sie ihn nie aus dem Auge. Um Ihr Ziel zu erreichen, werden Sie sich viele kleine Teilziele stecken und bewältigen. Spielen wir mal den Wunsch durch, dass Sie drei Kinder haben wollen. Stellen wir uns das bildlich vor: Was müssen Sie alles dafür tun? Also, zuerst brauchen Sie den richtigen Partner, in den Sie sich hoffentlich verlieben, idealerweise beruht das auf Gegenseitigkeit. Anschließend gehen Sie mit Ihrem Partner ins Bett … Oh, jetzt wird uns das zu heiß. Wir erklären Ihnen das gerne unter vier Augen.

Nehmen wir lieber das Beispiel »gemeinsam mit einem Freund Deutschland auf Inline-Skates durchqueren«. Um dieses Ziel zu erreichen, müssen einige Voraussetzungen erfüllt sein. Wir wollen mal drei wesentliche herausgreifen:

→ Sie müssen Inline-Skates fahren können.
→ Sie müssen über die nötige Zeit verfügen.
→ Sie müssen einen Freund haben.

Diese drei Voraussetzungen müssen auf jeden Fall erfüllt sein, damit Sie Ihren Masterplan ohne Kompromisse umsetzen können.

Nachdem wir so viel über das Unerwartete philosophiert haben, sind Sie ja schon vorgewarnt und wissen ... Ja, genau! Richtig! Es könnte etwas Unerwartetes passieren. Und das Unerwartete hält sich leider nicht an Ihren Masterplan. Was könnte also passieren?

- Vollkommen unerwartet verstauchen Sie sich den Knöchel. Sechs Monate werden Sie nicht skaten können.
- Eigentlich haben Sie genug Zeit eingeplant. Zwischen Studienabschluss und Berufsstart liegen drei Monate freie Zeit. Doch nun ruft Ihr zukünftiger Arbeitgeber an und bittet Sie, den Job schon einen Monat früher anzutreten. Es stehen Ihnen also nur noch zwei Monate zur Verfügung.
- Ihr Freund, ein Sportpartner seit zehn Jahren, beschließt kurzfristig, doch lieber auf Schlittschuhen die Arktis zu durchqueren. Skaten ist für ihn nicht mehr so interessant. Sie stehen alleine da.

Nun heißt es, im Moment zu sein und zu überprüfen, welche Möglichkeiten Sie unter den gegebenen Umständen noch haben.

- Ihr Knöchel ist kaputt? Sie verschieben Ihre Reise um sechs Monate.
- Sie haben einen neuen Job? Sie durchqueren Deutschland nicht in einem Rutsch, sondern verteilt auf Ihre nächsten Urlaube. Oder Sie starten erst mal in Flensburg und schauen, wie weit Sie in zwei Monaten kommen.
- Ihr Freund lässt Sie im Stich? Verabschieden Sie sich von dem Plan, mit einem Freund zu fahren, und freuen Sie

sich darauf, ganz allein unterwegs viele andere interessante Menschen kennen zu lernen.

Wichtig ist nur, dass Sie sich nicht, sobald etwas Unerwartetes passiert, an den Plan klammern, sondern die einzelnen Planschritte ändern. Was haben Sie auch für eine andere Wahl? Wir erinnern uns noch einmal an den »Torfall von Madrid«. Auch Marcel Reif fiel es bei der Moderation schwer, seinen Plan loszulassen: »Ich weiß, dass ich die ersten fünf Minuten irgendeinen Stuss dahergeredet habe, weil ich nicht wahrhaben wollte, dass das Tor umfällt. Ich wollte überhaupt nicht, dass da irgendsowas passiert, weil ... Ich hatte mich richtig auf dieses Fußballspiel gefreut.«

Wir stellen uns einen Masterplan immer wie ein großes Segel an einem Schiff vor. Wenn der Wind von hinten kommt, können wir auf dem kürzesten Weg unser Ziel erreichen. Wenn der Wind aber von der Seite oder sogar von vorne kommt, dann müssen Sie Ihren Plan ändern, die Segel an die neue Situation anpassen oder kreuzen, damit der Wind Sie nicht in die falsche Richtung treibt. Halten Sie Ihr Masterplan-Segel aber immer bereit, falls sich der Wind wieder dreht.

Einer meiner Masterpläne war es, Schauspieler zu werden. Mein Leben lang stehe ich schon auf der Bühne, ich war nur immer zu feige, das professionell zu machen. Deswegen habe ich eine Lehre in der Bank gemacht, habe studiert und als Projektmanager gearbeitet. Parallel dazu stand ich nach wie vor auf der Bühne, die Segel aber immer nur auf Halbmast. Erst mit dem Platzen der Dotcom-Blase gelang es mir, im Moment zu bleiben

und all meinen Mut zusammenzunehmen. Ich holte meinen Masterplan wieder aus der Schublade und setzte die Segel. Es war die richtige Zeit gekommen, um die Fahrt aufzunehmen.

Für ein spontanes Leben müssen Sie bereit sein, sich in jedem Moment von Ihrem Plan verabschieden zu können – ohne Ihren Masterplan jedoch aus den Augen zu verlieren. Überprüfen Sie regelmäßig, ob der Wind für Sie noch richtig steht oder ob es an der Zeit ist, den Plan vorübergehend einzurollen. Wenn Sie dazu nicht bereit sind, dann wird Sie jede unerwartete Situation vom Weg abbringen.

 **Schmeiß deinen Plan über den Haufen**

Sie brauchen dazu:
– sich selbst
– eine Stunde Ihrer Freizeit

Und so geht's:
Nehmen Sie sich eine Stunde Zeit und machen Sie in dieser Stunde genau das nicht, was Sie sich eine eigentlich vorgenommen haben. Wenn Sie gerade ein Eis essen wollten, dann gehen Sie Kuchen essen. Wenn Sie sich eine neue Hose kaufen wollten, gehen Sie in einen Fahrradladen. Wenn Sie einen Freund oder eine Freundin anrufen wollten, rufen Sie Ihre Mutter an. Wenn Sie gerade E-Mails lesen wollten, schreiben Sie einen Brief. Einige kennen dieses Verhalten vielleicht unter einem anderen Namen, nämlich »Etwas Wichtiges erledigen«. Man müsste eigentlich am Computer sitzen, dabei fal-

len einem aber viel wichtigere Dinge ein, wie z.B. Wohnung putzen, bügeln etc.

Was soll das?
In dieser Übung trainieren Sie, dass sich manches, was geplant war, eben nicht durchführen lässt. Den Plan selbst über den Haufen zu schmeißen, ist der erste Schritt, um in Situationen, in denen von Ihnen verlangt wird, spontan zu sein und Ihren Plan zu vergessen, locker zu bleiben.

Sie haben es selbst in der Hand. Unsere Erwartungen an andere und vor allem an uns selbst sind auch nichts Anderes als Pläne, die wir nicht loslassen können, obwohl wir uns manchmal lieber davon verabschieden sollten. Es ist schwer, einen Plan aufzugeben und mit einer neuen Situation klarzukommen, wenn etwas nicht so eintritt, wie wir es erwartet haben. Gerne schieben wir dann die Schuld auf Andere.

Zu welch absurden Situationen es führen kann, wenn man seinen Plan, seine Erwartungen nicht loslassen kann, hat eine Freundin von uns mal in Norwegen erlebt. Sie war als Reiseleiterin auf einem Kreuzfahrtschiff unterwegs, das Nordeuropa bereiste: u.a. Island, Dänemark und eben auch Norwegen. Als das Schiff in Norwegen in der Stadt Bergen anlegte – laut Reiseprospekt die regenreichste Stadt Europas – schien die Sonne, der Himmel war blau, kurz, traumhaftes Wetter. Daraufhin beschwerte sich eine der Reisenden, dass es nicht regnete. Sie hätte im Reiseprospekt gelesen, dass Bergen die regenreichste Stadt Europas sei, und nun regnete es gar nicht. Eine absolute Frechheit, die Reisenden so zu belügen …

In den letzten Jahren machte ich Warm-ups für verschiedene Formate bei ARD, ZDF, Sat.1 und ProSieben. Warm-upper sind die Menschen, die sich vor und während der Sendung um eine entspannte Stimmung kümmern, um den Zuschauern die Nervosität vor der Aufzeichnung zu nehmen. Beim Warm-up arbeitete ich mit Navituition und war stets im Moment. Ich bekam einen Ablaufplan, der detailgenau den Verlauf der Sendung wiedergab und an den ich mich halten musste. Der Ablaufplan einer Fernseh-Kochshow enthielt übrigens einmal den Punkt »Ungeplantes«, gedacht als Zeitpuffer. Eine hervorragende Möglichkeit, Moment-Entscheidungen bereits im Voraus zu berücksichtigen. Zurück zum Warm-up: Zu meinen Aufgaben gehörte es, die Zuschauer auf die Sendung einzustimmen, die Fluchtwege zu erklären, den Ablauf der Sendung zu besprechen und schließlich den Moderator anzukündigen. Das sind die »Navi-Aufgaben«. Und dann gab es noch die »Tuition-Aufgaben«, bei denen ich mich auf meine Intuition, auf den Bauch, verlassen musste. Jedes Publikum ist anders. Jedes Mal musste mich aufs Neue auf die Stimmung im Studio einstellen. Ich halte mich an den Plan und muss ihn durchziehen, bleibe aber offen für neue Entwicklungen. In jeder Sendung, ob Live-Übertragung oder Aufzeichnung, gab es Pannen und unerwartete Ereignisse. Bei einem solchen Warm-up beispielsweise reagierte immer nur die eine Hälfte des Publikums, lachte, klatschte, hatte Spaß, die andere Hälfte hingegen zeigte keine Regung. Ich schwitzte, bekam einen roten Kopf und dachte: Was geht hier gerade schief? Warum funktioniert mein Plan nicht? Eine gefühlte Ewigkeit habe ich gelitten und an mir selber gezweifelt, um dann endlich meinen Plan beiseitezulegen. Ich sprach meine Zweifel aus, indem ich den stillen Teil des Publikum direkt fragte: »Verstehen Sie meine Sprache?« Die andere Hälfte der Zuschauer brach in schallendes Gelächter aus. Sie hatten nur darauf gewartet, bis ich endlich bemerkte, dass es sich um eine gemischte Reisegruppe handelte, in der nur die eine Hälfte deutschsprachig war. Ich

suchte sofort den Dolmetscher der Reisegruppe und wiederholte das ganze Warm-up zusammen mit ihm, er entpuppte sich als genialer Warm-up-Partner. Das war das erste Warm-up, bei dem mir mal so richtig warm geworden ist und ich Angst bekam, meinen Job an den Dolmetscher zu verlieren.

Die meisten Menschen merken gar nicht, dass sie in vielen Bereichen ihres Lebens schon im Moment sind. Ein in den Genen vorinstallierter Masterplan ist zum Beispiel: »Ich will nicht verhungern.« Wir alle achten darauf, dass wir regelmäßig zu essen bekommen. Und wenn Ihr Kollege Sie fragt, ob Sie mit ihm zusammen die Mittagspause zusammen verbringen möchten, planen Sie das ja auch nicht bis ins Letzte durch. Sie behalten nur Ihren Masterplan »Ich will nicht verhungern« im Auge. Ansonsten gehen Sie Schritt für Schritt vor.

- Sie sagen zunächst einmal »Ja«.
- Anschließend entscheiden Sie, wo Sie hingehen möchten: Imbiss, Salatbar, Steakhouse ...
- Dann überlegen Sie, wie Sie dort hinkommen: Zu Fuß, mit dem Fahrrad, im Auto ...
- Im Lokal angekommen, suchen Sie sich den passenden Sitzplatz aus: draußen, drinnen, Ecktisch, an der Bar ...
- Als Nächstes suchen Sie die Getränke aus: Wasser, Cola, Bier ...
- Und schließlich wählen Sie das Essen aus: Vorspeise, Hauptspeise, Nachtisch, viel, wenig ...

Bei jedem dieser Schritte könnte etwas Unerwartetes passieren, aber Sie können in dem Moment damit umgehen: Draußen sind keine Plätze mehr frei, dann gehen wir rein. Es gibt keine

Suppe, dann nehme ich Salat. Auch wenn das ein zugegebenermaßen sehr einfaches Beispiel ist, hilft es, das Prinzip des ungeplanten, aber nicht planlosen Handelns zu verstehen und es zu verinnerlichen, um auch in prekären Situationen nicht vom »Kaninchen-Feeling« überwältigt zu werden. Geplant ist, nicht zu verhungern, planlos ist, wie Sie das im jeweiligen Moment erreichen. Was ist in diesem Moment der nächste richtige Schritt? Und dann der nächste. Und dann der nächste usw.

Leider halten wir oft zu stark an unseren Plänen fest und machen Schritt zwei vor Schritt eins, weil wir fest davon ausgehen, dass der Plan genau so funktionieren wird. Vielleicht haben wir insgeheim den Wunsch, durch Vorausplanung die Realität zu schaffen.

> *Eins, zwei, Polizei*
> *»Routinen sind zwar verdammt wichtig, um das eigene Vorgehen zu strukturieren. Aber sie bergen auch die Gefahr, dass man vor lauter Routine die jeweiligen Eigenarten des Falles nicht mehr erkennt. Und sie verführen dazu, sich in einer Art Scheinsicherheit zu wiegen. Dabei ist es wichtig, dazu zu stehen, dass man Dinge nicht weiß oder noch nicht beurteilen kann.«*
> Aus einem Interview mit Reinhard Chedor, Leiter des Landeskriminalamtes Hamburg, »brand eins«, Schwerpunkt Improvisation

Wenn Sie trainieren, »im Moment zu sein«, dann immer mit dem Ziel, die eigenen Pläne hinter sich zu lassen und voll und ganz in der Situation aufzugehen. Stellen Sie sich vor, Sie wären als Bodyguard in eigener Sache unterwegs: immer wach, immer aufmerksam, immer bereit für was auch immer kommt. Sie haben den 360-Grad-Blick, der registriert, was um Sie herum passiert. Sie wissen, egal wo in der Welt Sie sich gerade aufhalten, immer schon vorher, wo der beste Fluchtweg ist. Dieser Fluchtweg wird aber nur in der Notsituation genutzt. Das bedeutet im Klartext: Unsere Pläne im Kopf müssen immer wieder über den Haufen geworfen werden. Ein guter Bodyguard wird in seiner Karriere tausende von Fluchtwegen gecheckt haben, ohne vielleicht auch nur einen zu brauchen. Es gilt, immer wieder neue Strategien zu entwickeln und immer wieder auch davon Abschied zu nehmen. Alles umsonst? Oder Gott sei Dank? Egal, bleiben Sie einfach immer wach und präsent.

Die eigenen Pläne loszulassen ist verdammt schwer

Es ist Frühling und der letzte Schnee ist gerade geschmolzen, einzelne Schneeglöckchen blühen schon, die Krokusse bohren sich durch die Erde ans Licht und sorgen für die erste Farbe in der Natur. Die Sonne wärmt, und man kann endlich Schal, Mütze und Handschuhe zuhause lassen. Sie sind draußen und gehen im Park spazieren. Auf der Parkbank zur Rechten ein glückliches Paar, das sich eng umschlungen an den ersten Sonnenstrahlen wärmt. Vor Ihnen auf dem Weg ein Paar, das langsam Hand in Hand schlendert, weil es sich alle fünf Schritte küssen muss. In den Bäumen werben die Vögel umeinander, und auf der Terrasse des Cafés sitzt ein Pärchen, er himmelt sie verliebt an, sie hat das bezauberndste Lächeln der Welt. Nur Sie sind Single und alleine unterwegs. Sie versuchen, entspannt zu bleiben, denn Sie haben in Ihrem Leben gelernt, dass es meist nicht klappt, wenn Sie sich unbedingt verlieben wollen. Je mehr Sie suchen und es wollen, desto weniger klappt es. Das war letztes Jahr schon so und vorletztes Jahr auch und das Jahr davor – ach egal. Sie haben gelernt: Man darf es nicht so dringend wollen. Sie beschließen also, Ihren Plan loszulassen und nicht mehr zu suchen. Die Liebe soll Sie finden, damit es dieses Jahr klappt. Aber das Loslassen wird schon wieder zum neuen starken Plan. Sie schaffen es nicht, ernsthaft loszulassen. Verflixt.

Aber auf einmal, bei einem Treffen mit Freunden, zu dem Sie eigentlich nicht hingehen wollten, passiert es. Sie denken überhaupt nicht an die Liebe, während Sie neben jemandem zum Sitzen kommen, den Sie noch nie zuvor gesehen haben. Ein Blickkontakt, Ihr Herz fängt an, sich einen mittleren Infarkt zu erklopfen, und – obwohl Sie nicht an Übersinnliches glauben – geheime Wellen scheinen bis zu Ihnen herüber zu strahlen. Wooooom. Da ist sie, die große Liebe. Manche Momente beinhalten Chancen, die wir vorher nicht absehen können.

So verhält es sich doch mit allem, was wir unbedingt wollen, oder? Je mehr wir uns etwas wünschen, desto weniger kommen die Ideen und Lösungen. Und wenn Sie an der Tür vorbeikommen, hinter der der Weg zur Lösung liegt, schauen Sie nicht hin, da keine Blinklichter, Warnsirenen und Lautsprecherdurchsagen Bescheid geben: »Achtung, Achtung, hier ist die Tür, die zu Ideen und Lösungen führt.« Dabei kann die Lösung der kleine Zettel am Laternenpfahl sein, auf dem steht: «Große Liebe sucht

Spontan-Talent.« Sie sehen den Zettel aber nicht, denn Ihr Plan sagt: 1. Die Liebe findet man nicht am Laternenpfahl und 2. Ich bin kein Spontan-Talent. Tja. Pech gehabt. Vorbeigegangen, Liebe nicht gefunden.

Übung 22: Wohin mit all den Gedanken?

Sie brauchen dazu:
– sich selbst
– Ihren Kopf
– Lust auf ein ganz klein wenig Esoterik
– Ihr Ja-Buch

Und so geht's:
Notieren Sie in Ihrem Ja-Buch alle Gedanken und unerledigten Dinge, die in Ihrem Kopf herumschwirren. Legen Sie eine To-do-Liste mit all den Sachen an, die Sie beschäftigen, egal ob es sich Berufliches oder Privates handelt. Einmal in der Woche an einem festgelegten Tag gehen Sie diese Liste Punkt für Punkt durch. Dann haben Sie die Möglichkeit, einige To-do's auszuformulieren, andere haben sich erledigt und können gestrichen werden. Sie werden lernen, dass all Ihre Gedanken auf der Liste sicher aufgehoben sind und regelmäßig gelesen und bearbeitet werden.

Was soll das?
Unendlich viele Gedanken nehmen uns ständig in Beschlag. In unserem Kopf sammeln sich immer wieder Ideen, die fertig gedacht werden wollen. Dazu kommen noch Fernsehen, Werbung, Internet, Job, Beziehungen. Um all das zu bewälti-

gen, müssen wir viel planen, und das wiederum blockiert unsere Spontaneität. Wir brauchen Methoden, um all diese Anforderungen zu kanalisieren und zu verwalten. So schaffen Sie es viel leichter, im Moment zu sein und zu bleiben.

Ein schönes Beispiel für das Über-den-Haufen-Werfen von Plänen ist der Film »Vergiss mein nicht« (2004) mit Jim Carrey und Kate Winslet. Während der Dreharbeiten, die zum Teil in New York stattfanden, las der Regisseur Michel Gondry in der Zeitung, dass zur gleichen Zeit ein großer Zirkus in New York gastierte. Aufgrund eines Transportproblems wurden die Zirkuselefanten nicht wie üblich in Lastern zum Zirkusplatz gefahren, sondern sie marschierten in einer Parade mitten durch New York City zu ihrem Standort. Der Regisseur entschloss sich kurzfristig, seine beiden Hauptdarsteller bei dieser Parade zu filmen – und das ohne Skript und Drehplan. Die Szene wirkt im fertigen Film so authentisch, weil sie authentisch war. Während der Parade haben sich die beiden Hauptdarsteller Jim Carrey und Kate Winslet in den Menschenmassen aus den Augen verloren. Im Film sieht man, wie Filmheld Joel (Jim Carrey) nach Clementine (Kate Winslet) ruft und sie sucht. Schaut man genau auf seine Lippen, sieht man, dass er nicht den Filmnamen »Clementine« ruft, sondern »Kate«, den Namen seiner Kollegin. Eine reale Situation, in der Filmfiguren und reale Personen verschmelzen. Im fertigen Film hat sich Jim Carrey dann noch einmal selbst synchronisiert und den falschen Namen korrigiert. Für uns ein schönes Beispiel, um zu zeigen, was entstehen kann, wenn man auch mal vom Plan abweicht – alle Beteiligten des Films haben sich auf den Moment eingelassen und spontan reagiert.

Schmeißen Sie Ihren Plan über den Haufen

Unerwartetes kann Sie nur aus der Bahn werfen, wenn Sie sich vehement an Ihren Plänen festhalten. Fegt die Energie des Unerwarteten Ihre Pläne davon, fegt es auch Sie mit, wenn Sie nicht loslassen. Trainieren Sie deshalb immer wieder mal, Ihre Pläne loszulassen oder sie an den jeweiligen Moment anzupassen. Dabei bleiben Sie trotzdem handlungsfähig, da Sie jede neue Situation aktiv mitgestalten können, indem Sie »Ja« sagen und »Mut zum Fehler« beweisen.

Beobachten Sie sich einmal dabei, was passiert, wenn Sie selbst oder andere nicht im Moment sind:

Was genau geht Ihnen jetzt alles durch den Kopf?

Ja, genau jetzt?

Sind Sie in dem Buch versunken?

Oder überlegen Sie gerade, was heute noch im Fernsehen läuft? Wie Sie den nächsten Tag gestalten werden? Ob Ihre Haare sitzen? Auf was Sie heute noch Appetit haben?

Merken Sie, wie schnell wir Sie aus dem Moment holen können?

Checken Sie Ihre E-Mails, während Sie mit Ihrer Mutter telefonieren? Gehört Ihre Aufmerksamkeit eher dem Fernseher, wenn Ihr Partner Ihnen von seinem Tag erzählen möchte? Stellen Sie gerade Ihre Videokamera ein, mit der Sie Ihre Tochter im Krippenspiel filmen möchten, und verpassen Ihren Auftritt, da Sie mit dem Menü nicht zurechtkommen? So etwas nennen wir Aufmerksamkeitskiller, die es immer wieder schaffen, uns aus dem Moment rauszuziehen, um den es eigentlich geht. Meistens reicht es schon aus, sich diese Ablenkung bewusst zu machen und seine Aufmerksamkeit wieder gezielt auf das, was im Moment passiert, zu richten.

Übung 23: Belauschen

Sie brauchen dazu:
- sich selbst
- Ihre Ohren
- jemanden zum Belauschen

Und so geht's:
Die Webseite www.belauscht.de hat es vorgemacht: Schalten Sie Ihren MP3-Player aus und hören Sie mit offenen Ohren zu, was im Moment um Sie herum gesprochen wird. Ebenso absurd wie die Fotos, die Sie in Übung 2 »Foto-Assoziationen« geschossen haben, können belauschte Dialoge sein.

Ein Beispiel von www.belauscht.de und dem dazugehörigen Buch »Entschuldigung, sind Sie die Wurst?« (Heyne Verlag):

Silvestermorgen bei Aldi – Ausnahmezustand, Schlangen quer durch den Laden. Als eine Kasse schließt und dafür eine andere aufmacht, rutscht ein wartender Rentner beim Schlangenwechsel etwa vier Plätze nach hinten, muss also ungefähr sieben Minuten länger warten. Er pöbelt dafür die Kassiererin lautstark an und geht dabei weit unter die Gürtellinie. Alle anderen Kunden schauen betreten weg, nur eine junge Frau sagt laut hörbar zur Kassiererin: »Sie müssen das schon verstehen, in dem Alter hat man keine Zeit, da kann man ja jede Sekunde tot umfallen.«

(Belauscht in Hamburg von Briddel)

Was soll das?
Im Moment sein bedeutet, dass all unsere Sinne jederzeit wach und aufmerksam sind. Genauso, wie wir viele Dinge nicht sehen, weil wir sie für Probleme anderer Leute halten,

hören wir oft nicht hin. Wir hören unterwegs lieber Musik mit Kopfhörern oder hören einfach weg. Diese Übung trainiert die Neugier auf das, was wir um uns herum hören können. Wir erinnern uns: Wenn Sie spontan reagieren, können Sie nur das nutzen, was Sie in diesem Moment zur Verfügung haben. Das kann auch etwas sein, was Sie eben gehört haben; Sie greifen es auf und nutzen es und für eine spontane Reaktion. Oft hören wir gar nicht genau hin, was gesagt wird, wir ziehen, unabhängig von dem tatsächlich Gesagten, einen eigenen Sinn aus dem Satz. Denken Sie an das Beispiel mit dem dicken und dem modischen Mann: »Gibt es Ihren Anzug auch für Männer?« Der modische Mann antwortete: »Ja, aber nicht in Ihrer Größe!« Hätte er nicht aufmerksam zugehört, hätte er vielleicht nur den Angriff auf seine Männlichkeit gehört, etwa: »Sie sind ja gar kein richtiger Mann!« Aber weil er gut aufgepasst hatte, konnte er den Anzug in seine Replik miteinbeziehen.

In einem Radio-Interview erzählte Wencke Myhre, eine norwegische Sängerin, die in Deutschland mit zahlreichen Schlagern bekannt wurde, unter anderem von ihrem Lebensmotto: »Ich nehme mir immer die nächste Viertelstunde vor.« Damit meint sie, in besonders anstrengenden Situationen immer nur die nächsten 15 Minuten zu planen und dann weiterzusehen. Diese 15 Minuten sei sie voll und ganz »im Moment«. So hangele sie sich Schritt für Schritt an ihrem Masterplan entlang. Zudem nimmt sie sich auch regelmäßig 15-minütige Auszeiten, beispielsweise um einen Kaffee zu trinken. Also nur Kaffee trinken, nicht nebenbei noch weiterarbeiten. Das nennt sie ihren »15-Minuten-Urlaub«. Gerade in Stresszeiten eine gute Möglichkeit, um in den Moment zu kommen.

Halt's Maul! Hör zu!

Meistens machen wir fast alles richtig. Wir sind am richtigen Ort, pünktlich, haben uns gut vorbereitet, aber dann sind wir doch nicht im Moment, hören einfach nicht hin, sind in unseren Gedanken ganz woanders, hängen unseren Plänen nach. Als Verkäufer für Küchengeräte wollen Sie eine teure Espressomaschine verkaufen, alles ist geplant, Sie haben alle relevanten Verkaufsargumente im Kopf, hören aber nicht richtig hin, als der Kunde sagt, dass er Teetrinker sei. Aus Höflichkeit lässt der Kunde Sie noch 15 Minuten weiterreden.

Wir alle sind doch oft schon zwei Stunden weiter im Kopf: bei der Planung des Abendessens, bei der Planung der nächsten Woche, bei der Planung des weiteren Lebens. Körperliche Präsenz allein reicht nicht, Sie müssen voll und ganz – also auch geistig – präsent sein.

Das lässt sich bestens an einem klassischen Telefonakquise-Gespräch demonstrieren. Meistens arbeiten die Mitarbeiter von Callcentern mit sogenannten Telefonleitfäden, d.h., der Verkäufer sitzt in einem Großraumbüro, hat Ihre Telefonnummer und eine einige Fragen vor sich, die logisch aufeinander aufbauen und voraussetzen, dass man sie auch entsprechend des Leitfadens beantwortet. Wenn der Angerufene das nicht macht, funktioniert das ganze Telefonat nicht, da Zuhören und Im-Moment-Sein in den Leitfäden nicht vorgesehen ist. Letztendlich geht es nur darum, Ihnen etwas zu verkaufen.

Wir machen uns mittlerweile einen Sport daraus (Spontaneitätstraining), diese Leitfäden durcheinanderzubringen, wenn einer von uns wieder mal einen Anruf bekommt, mit dem uns jemand zur Teilnahme an einer Lotterie oder zu einer merkwürdigen, undurchsichtigen Geldanlage überreden will. Normalerweise hört sich ein solches Gespräch wie folgt an:

Wir sitzen gerade gemütlich bei uns im Büro und bereiten ein Training für einen Kunden vor. Das Telefon klingelt.

Telefon:	Ring, Ring.
Torsten:	»Hallo?«
Verkäufer:	»Guten Tag, wir machen gerade eine Umfrage zum Thema Steuererleichterung. Hätten Sie mal eine Minute Zeit für mich?«
	Natürlich dauert das Ganze nie eine Minute, sondern mindestens zehn, und am Ende soll ich etwas kaufen.
Torsten:	»Ja, gern.«
Verkäufer:	»Empfinden Sie die Abgabenlast für den deutschen Bundesbürger als zu hoch?«
Torsten:	»Ja, natürlich.«
Verkäufer:	»Wenn Sie die Möglichkeit hätten, Ihre Abgabenlast zu mindern, würden Sie eine solche Chance nutzen?«
Torsten:	»Ja!«
Verkäufer:	»Würden Sie es sinnvoller finden, an den Steuerabgaben oder an den Sozialabgaben etwas zu ändern, damit sich Ihr verfügbares monatliches Nettoeinkommen erhöht?«
	Ah, ich darf etwas entscheiden. Toll. Vermutlich nur eine belanglose Wohlfühl-Frage.
Torsten:	»Ich denke, man sollte an den Steuern was verändern.«
Verkäufer:	»Habe ich Sie richtig verstanden, dass Sie gerne Ihre monatlichen Abgaben verringern wollen,

	so dass für Sie netto mehr auf dem Kontoauszug steht?«
	Zusammenfassung und Fertigmachen zum finalen Verkauf.
Torsten:	»Ja, klar.«
Verkäufer:	»Ich möchte Ihnen mal kurz darstellen, wie Sie Ihre Abgaben senken können, indem sie unser großartiges Finanzprodukt ... Bla, Bla, Bla, Bla ... kaufen ... Bla, Bla, Bla, Bla ... Ganz toll ... Bla, Bla, Bla, Bla ... viele zufriedene Anleger. Ich nehme mal Ihre Daten auf, und dann schließen wir jetzt hier am Telefon den Vertrag ab.«
Torsten:	»Äh ... Nein!«

Trainieren Sie doch einfach beim nächsten Anruf Ihre Fähigkeit, im Moment zu sein und nicht routinemäßig zu antworten. Sie dürfen sogar »Nein« sagen und ein wenig lügen. Aber nur ausnahmsweise. Seien Sie kreativ und denken Sie sich spontane Antworten aus. Ist das nicht schön, ein kostenloses Spontaneitäts-Training bei Ihnen zuhause am Telefon ... Sie dürfen sogar auf Ihrem Sofa sitzen bleiben. Das könnte sich dann so anhören:

Telefon:	Ring, Ring.
Torsten:	»Hallo?«
Verkäufer:	»Guten Tag, wir machen gerade eine Umfrage zum Thema Steuererleichterung. Hätten Sie mal eine Minute Zeit für mich?«
Torsten:	»Ja, gern«. (*Das stimmt ja wirklich.*)
Verkäufer:	»Empfinden Sie die Abgabenlast für den deutschen Bundesbürger als zu hoch?«

Torsten: (*jetzt geht der Spaß los*) »Nein, eigentlich würde ich gerne im Monat noch mehr zahlen.«

Verkäufer: (*kurzes Zögern*) »Wenn Sie … (*Pause*) die Möglichkeit hätten, Ihre Abgabenlast zu mindern, würden Sie eine solche Chance nutzen?«

Torsten: »Nein, auf keinen Fall.«

Verkäufer: »Äh, Sie möchten nicht mehr Geld auf Ihrem Konto haben?«

Torsten: »Nein, ich habe zu viel Geld.«

Ha, schwupp und ab in den Freiflug. Der Leitfaden funktioniert nicht mehr.

Verkäufer: »Ach, das ist ja – ähm, äh – zu viel Geld, dann können Sie ja bei uns gleich das Finanzprodukt XY kaufen …«

Jetzt heißt es, im Moment zu bleiben und gut zuzuhören.

Torsten: »Hat das denn eine gute Rendite?«

Verkäufer: (*freut sich*) »Natürlich, da bleibt viel für Sie über.«

Torsten: »Ach, dann lieber nicht. Ich hatte Ihnen ja bereits gesagt: Ich habe zu viel Geld. Hätten Sie nicht etwas, das richtig teuer ist, hohe Abschlussgebühren hat und wo das Risiko hoch ist, dass mein Geld anschließend vielleicht sogar weg ist?«

Wer als Telefonverkäufer »Ja« sagen kann, »im Moment ist« und die Wünsche seiner Kunden ernst nimmt – egal wie absurd sie scheinen – würde jetzt auf jeden Fall nicht sagen:

Verkäufer: »Nein, unser Produkt ist da ganz anders …«

Torsten: »Ach, schade, dann kommen wir wohl nicht zusammen. Und ich hätte jetzt noch eine Frage an Sie: Ich mache eine Umfrage zum Thema

	Spontaneiät. Hätten Sie mal eine Minute Zeit für mich?«
Verkäufer:	»Äh. Ja!«
Torsten:	»Wären Sie gerne mal spontaner, wenn die Dinge nicht nach Plan laufen?«
Verkäufer:	»Äh, ja!«
Torsten:	»Da kann ich Ihnen ein ganz tolles Spontaneitätstraining anbieten. Wir haben viele zufriedene Teilnehmer. Ich nehme mal Ihre Daten auf und dann schließen wir jetzt hier am Telefon den Vertrag ab …«

Manche Anrufer wollen uns regelmäßig überreden, mit einer Tippgemeinschaft Lotto-Millionär zu werden. Auf die Gegenfrage, warum sie selber noch am Telefon säßen, wenn es doch so einfach sei, mit dem Tippsystem Millionär zu werden, hat keiner von uns bisher eine befriedigende Antwort bekommen.

Leider nehmen die Anrufe in letzter Zeit ab. Hoffentlich sind wir nicht aus den Datenbanken geflogen. Na, vielleicht ruft man ja bald bei Ihnen an. Viel Spaß beim Telefontraining.

Vielen Dank für ihren Einkauf, Frau Voller!

Meine Frau und ich haben eine Kundenkarte von einer großen Hamburger Drogeriekette und sammeln damit Punkte. Neuerdings soll die Kundenbindung in der Drogerie erhöht werden, indem die Kunden mit Namen angesprochen werden. Vielleicht kennen Sie das auch von Tankstellen, wenn Sie mit Kreditkarte zahlen? Anscheinend haben alle Kassierer den Auftrag bekommen, schön brav den Namen von der Kundenkarte abzulesen und den Kunden damit persönlich zu verabschieden. Kaum sind meine neuen Rasierklingen, die Kondome und das Rasierwasser über das Laufband gefahren, sagt der Kassierer: »Einen schönen Tag noch, Frau Voller!«

Ich antworte mit hoher piepsiger Stimme: »Vielen Dank, haben Sie heute Abend schon was vor?«, und winke ihm zum Abschied mit der Kondompackung. Dann sieht er mich das erste Mal richtig an und entschuldigt sich. Hätte er in seiner Schulung mal lieber gelernt, im Moment zu sein und erst mal zu schauen, wer vor ihm steht.

Oft reden wir auch aneinander vorbei, wenn wir nicht im Moment sind. Die beste Methode, einen Mensch zu verstehen, ist, ihm zuzuhören. Das hört sich einfach an – aber tatsächlich ist im Moment zu sein und zuzuhören verdammt schwierig. Dieses ganz bewusste Zuhören ist auch unter dem Begriff »aktives Zuhören« bekannt, eine Methode, bei der man seinem Gesprächspartner die uneingeschränkte Aufmerksamkeit entgegenbringt, dabei den eigenen Plan beiseitelegt, um spontan reagieren zu können. Meistens hören wir nur hin, während wir uns an unserem Plan festhalten. Was ist der Unterschied zwischen »hören« und »zuhören«? Hören können wir immer. Oder andersrum: Wir können nicht nicht hören. Hören bedeutet, Unterhaltungen mit dem Gehör zu begleiten, so zu tun, als ob man sich interessieren würde, dabei aber auf die Lücke zu warten, in der man sich in den Vordergrund spielen kann – und das alles, ohne dem Gespräch wirklich zu folgen. Wie oft wollen wir im Gespräch unseren Plan durchsetzen, egal, wohin sich die Diskussion gerade entwickelt? Wie oft hören wir zwar hin, was der andere sagt, versuchen aber gar nicht zu erschließen, was eigentlich damit gemeint ist? Genau das ist bei dem oben beschriebenen Akquisegespräch passiert.

Beim aktiven Zuhören besteht die Aufgabe darin, wirklich zu verstehen, was der andere, also unser Gegenüber, meint, was er fühlt, was die Situation für ihn tatsächlich bedeutet.

Das aktive Zuhören öffnet die Tür zur Spontaneität, vielleicht steckt in dem Gespräch ein toller Vorschlag, mit dem Sie gar nicht gerechnet haben und zu dem Sie »Ja« sagen könnten. Sie könnten sich auf einen Fehler einlassen und sich in ein spontanes Risiko stürzen.

Übung 24: Shut up and listen oder »Klappe halten!«

Sie brauchen dazu:
– sich selbst
– eine Gesprächssituation, die Sie dominieren
– Ihr Ja-Buch

Und so geht's:
Sie befinden sich in einer Situation, in der Sie mehr reden als zuhören. Das kann zuhause sein, im Büro, am Telefon, im Gespräch mit Ihren Kindern.

Nehmen Sie Ihr Ja-Buch, schreiben Sie »Klappe halten! Zuhören!« auf eine Seite und legen Sie das geöffnete Buch deutlich sichtbar neben das Telefon, den Computer oder wo auch immer Sie die Übung durchführen wollen. Blicken Sie immer wieder aufmerksam auf Ihre aufgeschlagene Seite. Nach einer Weile reicht es schon, das Ja-Buch bloß anzuschauen, auch wenn es gar nicht auf der »Klappe halten«-Seite aufgeschlagen ist ... Sie können sich den Satz natürlich auch auf ein Post-it schreiben.

Was soll das?
Diese Übung kennen wir aus Verkäufer-Schulungen. Gute Verkäufer machen sich das Prinzip, im Moment zu sein, zu

eigen. Sie kleben sich einen kleinen Zettel ans Telefon, um sich daran zu erinnern, dass sie dem Kunden voll und ganz zuhören und ihn ausschließlich auf Basis seiner Bedürfnisse beraten. Manchmal brauchen wir kleine Erinnerungen. Nutzen auch Sie diesen Trick zur Verbesserung Ihrer Kommunikation, um spontane Situationen zuzulassen, indem Sie Impulse anderer annehmen, statt sie abzublocken. Wo liegt Ihr Ja-Buch, wo kleben Sie Ihren »Klappe halten! Zuhören!«-Aufkleber hin?

Hektisch übern Ecktisch

Toll, toll, toll, werden Sie vielleicht denken, ich soll also im Moment sein. Das klingt ja so ein bisschen nach esoterischem Schnickschnack. »Soll ich dann auch immer noch eine Meditationskerze anzünden, meine Schuhe ausziehen, mich auf den Boden legen und die Welt um mich rum wahrnehmen und spüren?« Das mit der Kerze ist eine schöne Idee. Falls Sie immer eine Meditationskerze dabei haben, spricht aus unserer Sicht nichts dagegen, sie auch anzuzünden. Vielleicht schauen Sie die Menschen um Sie herum dann ein wenig merkwürdig an – aber das wäre wiederum eine wunderbare Gelegenheit, Ihre Spontaneität zu trainieren.

Vielleicht denken Sie auch: Schneller, höher, weiter, das ist doch das Motto unserer Zeit. Wie kann es gelingen, im Moment zu sein, wenn Sie keine Zeit haben? Unsere Gegenfragen: Muss wirklich alles immer schnell gehen? Und wie nehmen Sie die Zeit wahr? Was ist denn eigentlich Zeit? Wenn Sie mehr über Zeit wissen wollen, können das Sie gerne bei Albert Einstein und Stephen Hawking nachlesen.

Wir beide haben jedoch, auch ohne Albert Einstein studiert zu haben, schon oft erlebt, dass Zeit relativ ist. 90 Minuten in einem langweiligen Dia-Vortrag über Schweden können einem unendlich lang vorkommen, und die Zeiger auf der Uhr scheinen sich nur noch halb so schnell zu bewegen. 90 Minuten mit einer blonden Schwedin vergehen wie im Flug, ohne dass man auch nur einmal auf die Uhr schaut. Die gleiche Zeitspanne kann man also unterschiedlich erleben.

Und auch »schnell« bedeutet nicht für alle dasselbe. Es gibt Gesprächssituationen, in denen wir beide das Gefühl hatten, dass wir uns unendlich viel Zeit für eine Antwort genommen haben, und unser Gegenüber erstaunt über unsere schnelle Reaktion war. Wie unterschiedlich die Vorstellungen von »schnell« sind, können Sie erleben, wenn Ihr Wasserhahn tropft und Sie den Hausmeister bitten, ihn »schnell« zu reparieren. Was für Sie eine halbe Ewigkeit dauert, ist für ihn richtig schnell.

Für spontane Entscheidungen bedeutet das, dass Sie in dem jeweiligen Moment viel mehr Zeit haben, als Sie denken, um zu prüfen, welche Optionen Ihnen zur Verfügung stehen. Der Zeitdruck ist manchmal wesentlich geringer, als auf den ersten Blick gedacht. Auf einem Kinderspielplatz kann man gut beobachten, dass Eltern oft schneller und hektischer reagieren, als es eigentlich notwendig ist. Beispielsweise wenn ihr zweijähriges Kind beim Laufen hinfällt. Bevor das Kind sich der Situation bewusst wird und überhaupt irgendwie reagieren kann, sei es zu weinen oder wieder aufzustehen und weiterzuspielen, springen manche Eltern innerhalb von einer Zehntelsekunde auf, laufen zu ihrem Kind, trösten es und geben ihm ein Gummibärchen. Daraufhin beginnt das Kind zu weinen, weil ja anscheinend was Schlimmes passiert ist, wenn Mama oder Papa so aufgeregt sind. Andere Eltern sehen, wie ihr Kind hinfällt, bleiben aber noch gelassen sitzen und warten ab, was in dem Moment passiert. In den meisten Fällen sucht das Kind erst einmal Blickkontakt mit den Eltern. Wenn keiner von beiden panisch reagiert, bleibt auch das Kind entspannt, steht auf und läuft vergnügt weiter. Sollte es doch anfangen zu weinen, ist immer noch genug Zeit, es zu trösten und ihm ein Gummibärchen zu geben.

Je nach Situation haben Sie mehr Zeit, als Sie denken. Es besteht sogar die Möglichkeit, sich selbst ein Zeitfenster zu schaffen. Wir haben uns angewöhnt, bei schnellen Entscheidungen auch mal um 60 Sekunden Bedenkzeit zu bitten. Wenn Sie von jemandem eine schnelle Entscheidung erwarten, wären für Sie 60 Sekunden noch schnell? Wir nehmen das mal an ... Nehmen auch Sie sich diese Zeit – im wahrsten Sinne des Wortes. Wissen Sie, wie lang 60 Sekunden sind? Die vier Stockwerke zu Torstens Wohnung hochzusteigen, dauert knapp 60 Sekunden, und es kommt uns immer sehr lang vor ...

Bevor wir auf die Bühne gehen, gibt es immer einen Soundcheck, das heißt, alle Mikrofone werden noch einmal überprüft. Oft kommt es vor, dass etwas noch nicht funktioniert. Ein Mikrofon brummt beispielsweise, und keiner weiß, warum. Also müssen die Techniker den Fehler suchen, während draußen vor der Tür die Zuschauer darauf warten, in den Saal gelassen zu werden. In solchen Situationen gibt es für uns zwei Möglichkeiten zu reagieren. Die erste ist, sich aufzuregen, den Techniker immer wieder zu fragen, wann denn alles fertig sei, und zu drängeln. Bei dieser Möglichkeit haben wir beide immer das Gefühl, dass ein immenser Zeitdruck auf uns lastet. Die andere besteht darin, gelassen zu bleiben und erst mal den Techniker suchen lassen, ihn aber nicht dabei zu stören. Bei dieser Möglichkeit sind alle entspannter, und das Gefühl des Zeitdrucks fällt interessanterweise von allen Beteiligten ab. In der Regel lässt sich das technische Problem ganz einfach lösen. Oder, wie die Psychologin Ruth Cohn einmal sagte: »Wir haben wenig Zeit, lasst uns langsam anfangen.«

Wie schnell müssen Sie tatsächlich reagieren? Haben Sie nur fünf Sekunden Zeit? Oder vielleicht doch sogar 60 Sekunden? Entschleunigen Sie. Nehmen Sie sich die Zeit, um zu reagieren. Zeitliche Enge löst meist nur Panik aus, da wir nicht so viel Zeit haben, um alles genauestens abzuwägen. Doch Sie haben inzwischen ja gelernt, dass genaues Planen bei kurzfristigen Entscheidungen nicht immer zu besseren Lösungen führt als eine Bauchentscheidung. Also nutzen Sie die Minute, seien Sie im Moment und schauen Sie, welche Entscheidungskriterien Ihnen zur Verfügung stehen: Will sagen, nutzen Sie die übrigen Werkzeuge bzw. Regeln der Spontaneität: »Ja« sagen und Fehler zulassen. Ihr Masterplan wird Ihnen wie ein Kompass die grobe Entscheidungsrichtung weisen. Dann können Sie auch schnell reagieren – und 60 Sekunden sind viel Zeit.

Schluss mit diesen verflixten Situationen, die sich einfach unerwartet von hinten anschleichen und uns mit einem lauten »Buh!« erschrecken! Wenn Sie im Moment sind, dann werden diese frechen Kerle sich aber umschauen, wie fit und schnell Sie Paroli bieten können.

Übung 25: 60 Sekunden für die Ewigkeit

Sie brauchen dazu:
- sich selbst
- eine Uhr
- 60 Sekunden Zeit
- Ideen für Ihr Leben
- Ihr Ja-Buch

Und so geht's:
Nehmen Sie eine Uhr. Sie haben genau 60 Sekunden Zeit, um in Ihrem Ja-Buch eine Liste zu schreiben mit verschiedenen Tätigkeiten, die Sie in diesem Moment beginnen könnten. Schreiben Sie alles auf, was Ihnen in den Sinn kommt.

Ich könnte zum Friseur gehen.
Ich könnte mich hinlegen.
Ich könnte mir etwas Gutes kochen.
Ich könnte ein paar Blumen auf dem Balkon anpflanzen.
Ich könnte mir einen neuen Beruf suchen.
Ich könnte zu einer Weltreise aufbrechen.
Ich könnte einen Flug für einen Wochenendurlaub buchen.
Ich könnte in den Zoo gehen.
Ich könnte mich verlieben.

Wiederholen Sie die Übung eine Woche lang täglich und schauen Sie, wie viele neue Ideen Sie entwickeln, die Ihnen bisher nie in den Sinn kamen. Wenn Sie eine davon in die Realität umgesetzt haben, dann markieren Sie diese in Ihrem Ja-Buch mit einem roten Häkchen.

Was soll das?

Wir sind so in unseren Abläufen verhaftet, dass wir nicht mehr merken, welche Ideen in unserem Kopf schlummern. Sie werden bei dieser Übung feststellen, wie lang eine Minute sein kann. In den meisten unerwarteten Situationen haben Sie ebenso viel Zeit. Gleichzeitig trainieren Sie, mögliche Optionen zu entdecken, egal, wie unsinnig sie Ihnen zunächst erscheinen. In unerwarteten Situationen müssen Sie auf Ihren Bauch hören und reagieren. Jede Idee, die Ihnen einfällt, kann hilfreich sein. Trainieren Sie Ihr Gehirn, in kurzer Zeit viele Ideen auszuwerfen. Erfahrungsgemäß wird es immer schwieriger, sich neue Dinge einfallen zu lassen, obwohl man doch eine nahezu unendliche Auswahl an Optionen hat. Jede Idee, jede Vision bringt Sie weiter auf dem Weg in die Spontaneität.

Kennen Sie »Pecha Kucha«? Der Begriff kommt aus dem Japanischen und bedeutet »wildes Geplapper«. Bei einem Pecha-Kucha-Vortrag darf ein Referent sein Thema mit genau 20 PowerPoint-Folien präsentieren. Für jede Folie hat er 20 Sekunden Zeit, so dass ein Vortrag maximal 6 Minuten und 40 Sekunden dauert. Zunächst dachten wir, dass 20 Sekunden verdammt kurz sind. Bei der Vorbereitung hatten wir ein wenig Sorge, ob 20 Sekunden pro Folie überhaupt ausreichen. Doch wir haben festgestellt, dass 20 Sekunden ziemlich lang sein können. Während der Präsentation waren wir immer schon vor Ablauf der 20 Sekunden fertig.

Wenn es wirklich, wirklich schnell gehen muss, dann gilt folgende Regel: Sagen Sie sich, dass Sie 60 Sekunden Zeit für Ihre spontane Entscheidung benötigen. Dann wenden Sie unsere Spontaneitäts-Werkzeuge an. Vertrauen Sie Ihrem Bauch, handeln Sie dementsprechend und stehen Sie zu Ihrer Entscheidung mit allen Konsequenzen. Vermutlich werden Sie schon nach weniger als 30 Sekunden wissen, was zu tun ist. Sobald Sie es wissen – tun Sie es.

Das ganze Buch für Schnellleser: Teil 3

»Hör auf zu planen und sei offen für jeden Moment.«

Herzlichen Glückwunsch an alle Schnellleser. Sie haben das Buch in 60 Sekunden geschafft!

**Feierabend
Null Bock auf gar nichts –
und schon gar nicht spontan!**

Obwohl wir wissen, dass es möglich ist, in egal welcher Situation spontan zu sein, gibt es doch Tage, an denen man lieber »Nein« sagt. Momente, in denen man die eigenen Macken lieber schamvoll verstecken und sich schön an seinen Plänen festhalten möchte. Wenn Sie sich so fühlen, dann vergessen Sie alle Regeln und folgen Sie auch hier Ihrem Bauchgefühl. Spontaneität soll nur Ihren Werkzeugkoffer um ein starkes Werkzeug bereichern. Wir sagen immer: »Rules are Tools.« Man kann sie nutzen, muss aber nicht. Nicht alles muss immer spontan sein.

Darüber hinaus braucht alles, was man noch nicht so oft gemacht hat, Kraft und Energie. Wenn Ihr Energielevel niedrig ist, Sie wenig geschlafen und womöglich noch einen Kater haben, dann werden Sie vielleicht nicht spontan sein wollen, sondern alles so wie immer machen. Verdammt, dann machen Sie es genau so. Sagen Sie »Ja« zu Ihrer Stimmung. Genau das ist auch richtig! Und selbst wenn Sie finden, dass das ein Fehler ist, machen Sie den Fehler. Vermutlich ist dieser Moment überhaupt nicht bereit für Ihre Spontaneität. Sparen Sie sich die Energie für Situationen, in denen Sie wieder spontan sein können. Genauso, wie Sie sich Freiräume geben, in denen Sie Ihre Gewohnheiten ändern, dürfen Sie sich auch erlauben, mal nicht spontan zu sein. Sie wissen selbst am besten, wann, wo und wie Sie sich und Ihre neuen Ideen ausprobieren wollen und können. In diesem Sinne: »Fuck the Rules!«

Das Verrückte ist (und das ist auch gut so): Sie entkommen der Welt der Spontaneität nicht. Stellen Sie sich vor, Sie haben ganz, ganz miese Laune, wirklich miese Laune. Sie können sich da auch noch reinsteigern. Dann sind Sie viel eher im Moment als in so manch anderen Situationen. Kein Plan kann Sie davon abhalten, gerade diese schlechte Laune auszuleben. Was fällt Ihnen auf? Wenn Sie ordentlich schlechte Laune haben, werden Sie unberechenbar, und das ist auch eine Form von Spontaneität. Verdammt, jetzt haben wir Ihnen schon wieder gesagt, was Sie tun sollen. Darüber dürfen Sie jetzt mal echt genervt sein.

Den Mut haben, spontan durchs Leben zu gehen

Ein guter Freund fragt Sie, ob Sie nicht mit ihm etwas trinken gehen wollen. Sie sagen »Ja« und schlagen Ihre Lieblingsbar vor. Eigentlich wartet zuhause noch eine Menge Arbeit, Dinge, die erledigt werden wollen. Sie schaffen es, im Moment zu sein und nicht an zuhause zu denken, Sie lassen sich voll und ganz auf Ihren Freund ein. Auch auf die Gefahr hin, dass es ein Fehler sein könnte, sprechen Sie ihn auf seine neue Freundin an, die Ihnen unsympathisch ist. Und plötzlich sprudelt es wie ein Wasserfall aus ihm heraus, dass er froh sei, mal von seiner vermurksten Beziehung reden zu können.

Im Büro gibt es am Kopierer einen riesigen Papierstau, an dem Gerät geht gar nichts mehr. Irgendwo in den Eingeweiden ist Papier mit der Mechanik zu einer Einheit verschmolzen. Sie sind schuld. Diesmal machen Sie es nicht so wie sonst und schleichen sich heimlich aus dem Kopiererraum, in der Hoffung, dass ein Anderer das Problem löst. Diesmal stehen Sie mit einen deutlichen »Ja« zu Ihrem Fehler. Und Sie versuchen, den Kopierer wieder in Gang zu bekommen, auch auf die Gefahr hin, dass Sie sich total vor Ihren Kollegen blamieren. Sie widmen sich voll und ganz dem Säubern des Gerätes und lassen sich von nichts Anderem ablenken. Schneller und einfacher als gedacht läuft das Teil wieder. Sie sind wirklich viel beschäftigt. Vor lauter Vielbeschäftigung gehen Sie gar nicht mehr aus. Sie spüren, dass Sie das stört. Sie schalten innerlich auf »im Moment sein« um und kommen an einem Plakat vorbei, das für eine Ü-30-Party wirbt. Eigentlich finden Sie solche Partys doof und fühlen sich viel zu jung dafür. Diesmal sehen Sie dieses Plakat nicht nur, sondern sind neugierig und, ja, Sie gehen auch hin. Auch auf die Gefahr hin, dass Sie einen langweiligen Abend verbringen. Letztendlich haben Sie lange nicht mehr so viel getanzt und Spaß gehabt. Ob Sie auch noch nette Leute kennen gelernt haben, überlassen wir Ihrer eigenen Fantasie.

Sie haben genug gelesen. Sie wissen alles, was Sie wissen müssen. Nehmen Sie das Unerwartete in die Hand. Sagen Sie niemandem Bescheid und legen Sie los. Es ist Ihre Entscheidung. Die Welt steht Ihnen offen. Wenn Sie auf Ihre Komfortzone nicht ganz verzichten können, dann fragen Sie jemanden, ob er Ihnen hilft, Ihr Sofa mit den Kissen nach draußen auf die Straße zu tragen. Gehen Sie zurück zu Seite 239, Übung 25 »60 Sekunden für die Ewigkeit« und checken Sie in

Ihrem Ja-Buch, was Sie alles aufgeschrieben haben, was Sie jetzt sofort tun könnten. Gehen Sie zum Spiegel und lächeln Sie diesen spontanen Menschen an, der Ihnen da entgegenschaut. So sieht ein spontaner Mensch aus. Sagen Sie laut und deutlich »Ja« zu Ihrem Spiegelbild. Die Welt steht Ihnen offen, Sie surfen auf der Welle des Unerwarteten.

Machen Sie es genau JETZT!

Waren Sie beim Spiegel? Cool! Willkommen im Club. Haben Sie Spaß. Versüßen Sie sich und anderen den Tag. Erwarten Sie das Unerwartete, indem Sie sich selber überraschen. Ihre kleinen Ideen machen Sie fit für ein Leben voller Spontaneität.

Machen Sie eine Sache, die Sie noch nie gemacht haben. Schenken Sie Ihren Nachbarn Blumen oder stellen Sie endlich die Weichen für Ihren Traumberuf, machen Sie eine sechsmonatige Weltreise. Egal, ob es sich dabei um etwas ganz Großes handelt oder um etwas Alltägliches wie Blumen zu verschenken. Sie können Ihre Sehnsucht nach verrückten, spontanen Aktionen in die Wirklichkeit bringen. Und ganz nebenbei trainieren, auf Unerwartetes zu reagieren. In jedem Moment können Sie dem Unerwarteten gegenüberstehen und es mit einem freudigen »Ja, und ...« begrüßen, selbst die Kontrolle übernehmen und Mut zum Fehler haben. Das, was Sie machen, ist richtig, und Sie wissen es. Nichts kann Sie aus der Bahn werfen, weil Sie die Bahn schon vorher verlassen haben. Sie haben keine andere Wahl. Sicherheit gibt es nicht. Hören Sie auf Ihren Bauch.

Outtakes von Markus und Annika

Am Anfang des Buches haben wir Ihnen ein paar Situationen geschildert, in denen jeder von uns gerne spontaner wäre. Was wir Ihnen nicht erzählt haben: Das sind alles Geschichten aus dem Leben von Markus und Annika, unserem jungen Paar, das sich nicht zwischen Mallorca und Schweden entscheiden kann. An dieser Stelle möchten wir Ihnen – sozusagen zum Abschied – die Geschichte von Markus und Annika in voller Länge erzählen.

Markus ist 25 Jahre alt, Grafiker, seit drei Jahren Single. Vollkommen planlos schlendert er durch die Fußgängerzone und trifft Annika, eine alte Schulfreundin. Spontan verliebt er sich in sie. Er lädt sie zum Essen ein, stilvoll und teuer. Er will alles richtig machen. Als die Rechnung kommt, sucht er vergeblich sein Portmonee – er hat es vergessen. Während Annika ihn noch fragend anschaut, stellt er sich auf seinen Stuhl und ruft laut: »Ich hab's vergeigt! Hier sitzt meine Traumfrau, ich lade sie zum Essen ein und jetzt habe ich kein Geld zum Bezahlen. Ich bin verloren.« Pantomimisch rammt er sich einen Dolch in den Bauch und bricht theatralisch zusammen. Annika fällt vor Lachen auf den Boden und übernimmt die Rechnung, die anderen Gäste klatschen Beifall. Ganz großes Kino.

Nach zwei Monaten sind sich beide klar, dass sie die Liebe ihres Lebens gefunden haben. Markus stellt Annika seiner Familie bei einem Grillnachmittag vor. Annika ist aufgeregt und hat sich mit Prosecco Mut angetrunken. Nun will sie das Eis mit ihrem Lieblingswitz brechen. Als sie fertig ist, starrt die Familie von Markus sie nur mit großen Augen verwundert an. Annikas Kopfkino beginnt: Sie stellt sich vor, wie Markus neben ihr am Traualtar steht und auf die Frage, ob er sie zur Frau nehmen wolle, antwortet: »Ja, aber ... sie kann keine Witze erzählen!« Da holt sie die tiefe Stimme von Markus' Vater zurück in die Realität: »Annika, du hast die Pointe versaut.« Erst da merkt sie, dass sie vor Aufregung den ganzen Witz verdreht hat. Der Vater erzählt den Witz noch mal richtig und freut sich, dass seine zukünftige Schwiegertochter den gleichen Humor hat wie er. Der Hochzeit steht nichts mehr im Wege.

Die Hochzeitsreise geht auf eine einsame griechische Insel, kein Hotel, keine Pension. Sie zelten wild, aber Markus hat eine Zeltstange vergessen. Es ist warm, und sie beschließen spontan, ohne Zelt am Strand zu schlafen. Sie entdecken gemeinsam zehn Sternschnuppen. Es wird eine ihrer schönsten Nächte.

Annika wird schwanger. Gemeinsam gehen sie zu einem Klassentreffen und begegnen dort einer alten Freundin, der Markus in seiner Freude, Vater zu werden, gleich zur Schwangerschaft gratuliert. Sie ist aber nicht schwanger. Die Freundin wird rot, Markus wird rot. Großes Fettnäpfchen. Er entschuldigt sich wortreich. Eisige Atmosphäre. Nichts zu machen – manche Themen sollte man lieber nicht spontan als Erster ansprechen. Schwangerschaft gehört dazu. Sieben Monate später kommt ihre Tochter Marie in einer spontanen Geburt auf die Welt. Der erste gemeinsame Familienurlaub geht nach Schweden. Zurück in Deutschland steht Markus eine Präsentation für eine Molkerei bevor. Er hat alle Verpackungen neu gestaltet, inspiriert von seinen Eindrücken aus dem Urlaub in Schweden. Bei der Präsentation vor dem Kunden fällt sein Laptop komplett aus. Markus hadert nicht lange, er präsentiert trotzdem. Nur er allein. Er erzählt, so wie er es auch bei guten Freunden täte, wie ihn die schwedische Landschaft zu dem Design inspirierte. Obwohl er kein einziges

Bild zeigen konnte, ist der Kunde glücklich und spürt, dass Markus für den Job brennt. Die Bilder bekommt die Molkerei am nächsten Tag. Alle freuen sich auf die gemeinsame Zusammenarbeit.

Als Marie zwei Jahre alt ist, will auch Annika wieder arbeiten. Ihr Arbeitsplatz ist während ihrer Elternzeit frei gehalten worden, doch sie will nicht mehr in ihrem alten Job im Callcenter arbeiten. Sie bewirbt sich auf eine andere Stelle und bekommt einen Termin für ein Vorstellungsgespräch. Ausgerechnet an diesem Tag ist der Kindergarten spontan wegen Krankheit der Erzieher geschlossen und Markus auf Fortbildung. Kurzerhand nimmt sie die Kleine mit. Der Personalchef ist entsetzt und bricht das Gespräch sofort ab. Sie bekommt die Stelle natürlich nicht. In den folgenden Wochen liest Annika viel über das familienunfreundliche Arbeitsklima ihres Ex-Arbeitgebers in spe. Selektive Wahrnehmung?

Inspiriert von der Situation, entwickelt sie zusammen mit ihrer besten Freundin – einer Erzieherin – ein Konzept für eine Kindernotbetreuung. Während Annikas Existenzgründungsphase nimmt Markus sich unbezahlten Urlaub. Zwei Monate managt er die Familie und den Haushalt. Gerade als er sich mit Kind, Karre und Taschen in eine vollgestopfte S-Bahn zwängen will, springt jemand auf und hilft. Man sitzt gemeinsam den Rest der Fahrt und unterhält sich nett. Am gleichen Abend kommt Annika etwas später nach Hause, sie war beim Friseur und hat sich eine komplett neue Frisur machen lassen. Markus merkt nichts. Markus sagt nichts. Annika ist beleidigt. Sie reden drei Tage nur das Nötigste. Sie vertragen sich wieder. Marie macht Urlaub bei Oma und Opa, und Markus und Annika fliegen spontan auf eine griechische Insel. Als sie mit dem Mietwagen durch die Nacht zum Hotel fahren, sitzt auf einmal ein Kaninchen auf der Straße und starrt in die Scheinwerfer. Gerade als Markus bremsen will, springt das Kaninchen sehr spontan und entschlossen von der Straße. Endlich im Hotel angekommen, setzen sie sich zusammen auf den Balkon und sehen Sternschnuppen. Sie wünschen sich spontan dasselbe, aber was, das wird nicht verraten.

Tür auf und raus! 10 Ideen für Mutige

Zum Abschluss noch unsere 60-Sekunden-Liste mit zehn Ideen, was spontan zu unternehmen sein könnte. Wir starten mit einem einfachen Schwierigkeitsgrad und steigern uns ...

1. Teilen Sie uns Ihren größten Fehler unter www.total-spontan.de mit.
2. Setzen Sie sich bei unserem nächsten Auftritt in die erste Reihe.
3. Grüßen Sie alle Menschen, die Ihnen im Umkreis von einem Kilometer um Ihr Haus begegnen. Ausnahmslos.
4. Bestellen Sie im chinesischen Restaurant – ohne in die Karte zu schauen – das Gericht, das Ihrer Hausnummer entspricht.
5. Schlagen Sie den IKEA-Katalog auf einer beliebigen Seite auf und nennen Sie Ihr Haustier nach dem Produkt, das ganz oben rechts steht.
6. Kaufen Sie einem Rosenverkäufer eine Rose ab und schenken Sie sie einem wildfremden Mann oder einer wildfremden Frau.

7. Veranstalten Sie ein romantisches Abendessen mit Ihrem Partner in einem Zimmer Ihrer Wohnung, in dem Sie noch nie gegessen haben.
8a) Sie sind ein Mann und abends im Nachtleben unterwegs. Sie sprechen die erste Frau an, die Ihnen begegnet (und gefällt), und sagen: »Hey, eigentlich bin ich kein Mann für eine Nacht, aber für dich würde ich eine Ausnahme machen.«
8b) Sie sind eine Frau und abends im Nachtleben unterwegs. Sie sprechen den ersten Mann an, der Ihnen begegnet (und gefällt), und sagen: »Hey, eigentlich bin ich keine Frau für eine Nacht, aber für dich würde ich eine Ausnahme machen.«
9. Fahren Sie an einer Bushaltestelle vorbei und fragen Sie eine Person, die nett aussieht, ob Sie sie nachhause fahren dürfen.
10. Sie schicken eine Einladung für eine spontane Party, die noch am selben Abend bei Ihnen zu Hause stattfinden soll, an das komplette Telefonnummernverzeichnis Ihres Handys. Jeder soll etwas zum Feiern mitbringen. Vergessen Sie uns nicht. Wir kommen gern – ganz spontan.

Sagen Sie »Ja« zum Leben, und das Leben wird mit Ihnen mit »Ja« antworten.

Die Autoren

Ralf Schmitt kam spontan im Kreiskrankenhaus Forchheim in Oberfranken auf die Welt. Er wurde in eine Spontaneitätsdiaspora geboren, bis er in der Pubertät Improtheater entdeckte und seitdem nicht mehr davon gelassen hat. Bei seinem ersten Spontan-Auftritt in der Schule war vieles noch abgesprochen. Auch am Anfang seiner Karriere gab ihm ein sicherer Rahmen die Spielfläche für Spontaneität. Spontan rauschte er einmal durchs Abitur. Als gelernte Fachkraft für Veranstaltungstechnik baute er einmal eine Open-Air-Bühne verkehrt herum auf und verlegte dann spontan den Zuschauerbereich auf die andere Seite, gemäß seinem Motto »Erwarte das Unerwartete«. Seit 2001 arbeitet er als Schauspieler, Trainer und Moderator beim Theater »Steife Brise« in Hamburg. Auf der Bühne kann er als einer von Wenigen spontan AC/DC-Songs singen, die nicht mal die Australier kennen. Außerdem ist er Spezialist für Moderationen, egal ob für 70 oder 70.000 Zuschauer. Beim Fernsehen war er als Warm-Upper bei Sat.1, ZDF, ARD, ProSieben für die Stimmung im Fernsehstudio verantwortlich. Seit 2001 tourt er mit dem von ihm mitentwickelten Dinner-Comedy-Format »Bambolero«. Zusammen mit der »Steifen Brise« bietet er in ganz Deutschland Spontaneitäts-Trainings an. Ralf Schmitt lebt in der Nähe von Hamburg mit seiner Frau und zwei Töchtern.

Torsten Voller hatte schon immer zwei Lebensläufe. Der eine spielte sich immer auf Bühnen ab. Der zweite führte ihn durch das Abitur, eine Banklehre, ein Studium der Diplompädagogik, einen Job als Projektmanager einer großen Internetagentur. Er legt Wert auf seine studentischen Nebenjobs als Teppichfransenkämmer, Dauerfernsehgucker und Seifentester. Theaterspielen und der spielerische Umgang mit dem Leben haben ihn schon immer fasziniert, auch wenn er das selbst gar nicht gemerkt hat. Im Rückblick wurde ihm klar, dass sein Lebenslauf schon immer auf Spontaneität beruhte. Er hat im richtigen Augenblick »Ja« gesagt. Das leitete ihn durch seine verschiedenen Jobs, so auch 1996 als Amateur-Schauspieler am Theater »Steife Brise«. Als die große Internetblase platzte, sagte er »Ja« zur Selbstständigkeit. Heute ist er Schauspieler, Moderator, Trainer und Geschäftsführer des Improvisations- und Businesstheaters »Steife Brise«. Rückwirkend fügen sich seine verschiedenen Berufe ideal als Erfahrungsbasis zusammen für das, was er jetzt hauptsächlich und gerne macht: Menschen mit Spontaneität zu unterhalten und ihnen Spontaneität zu vermitteln. In seinen Trainings möchte er anderen gerne die Aha-Momente verschaffen, die er aus seinem Lebenslauf kennt. Torsten Voller lebt mit seiner Frau und seinen beiden Töchtern in Hamburg.

Danke

Wir beide möchten an dieser Stelle all den Menschen danken, die uns geholfen haben, dieses Buch auf den Weg zu bringen. Als Erstes unseren Familien für ihre Geduld mit uns während der Schreibphase. Und das sind: Katrin, Neeltje, Kaja, Anika, Ida und Lotta. Mindestens genauso viel Geduld haben unsere hervorragenden Kollegen der »Steifen Brise« aus Hamburg mit uns gehabt. Ein spezieller Dank geht an Christian Müller, der den Stein ins Rollen gebracht hat, und Carola Gründler, die uns die Schienen gebügelt hat.

Wir möchten uns bei allen bedanken, die uns Schreibasyl gegeben haben. Eva und Eugen Schmitt, Petra und Udo Kreibich.

Für diverse Inspirationen danken wir den Orten, an denen wir geschrieben haben. Hamburg, der fränkischen Schweiz, dem Allgäu, Chemnitz, Berlin, München, Motel One und den Tischen verschiedener ICEs. Für die Erfrischung danken wir dem Königsbad in Forchheim.

Wir möchten uns ganz besonders bei unserem Verlag bedanken: Birgit Reiter, die uns angestoßen und den Weg zu diesem Buch geebnet hat. Sybille Wallner und Birthe Katt für die großartige Betreuung während der Schreibphase und darüber hinaus. Und Stephanie Ehrenschwendner für die endlose Geduld mit uns beiden, Ihre sehr kreative Energie und lange Erfahrung, uns an die Hand zu nehmen. Danke.

Ralf möchte den Kollegen Todde Brand, Mäc Härder und Stephan Stark danken. Seinem alten Lehrer Klaus Kramer, ohne den er die Spontaneität und das Improtheater nie kennen gelernt hätte. Roland Trescher, der ihn seit Jahren sehr unterstützt. Katharina Butting und Esther Maturana für ihre Freundschaft.

Torsten bedankt sich besonders bei seinen Eltern, Thorsten, Saggi Perle, Peter Brandt und Andreas Schauder.

Abschließend geht ein Dank an alle verborgenen Helfer und Helferinnen und alle, die wir vergessen haben sollten (das war dann unser Fehler!)

Bildnachweis

S. 73 Museum der Arbeit, Hamburg
S. 108-111,
208, 222 privat
S. 149 INTERFOTO/TV-yesterday